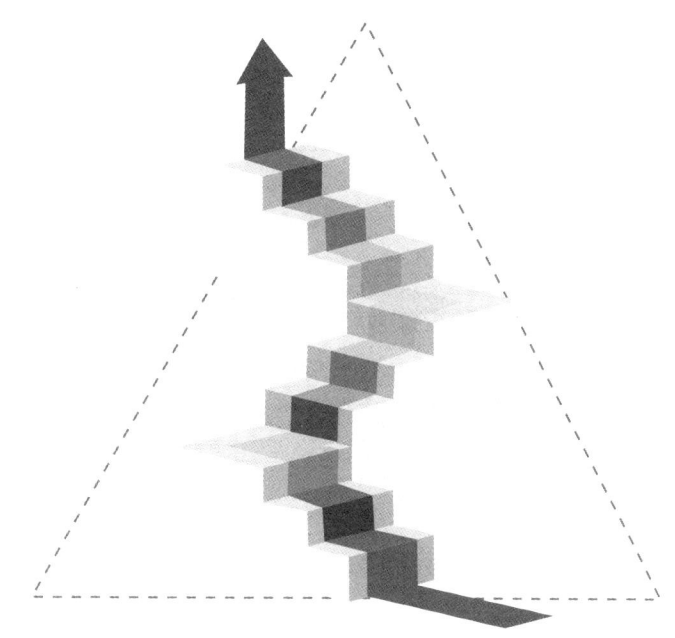

新教师的成功之道

Thriving as a New Teacher Tools and
Strategies for Your First Year

[美] 约翰·F.埃勒（John F. Eller）
[美] 希拉·A.埃勒（Sheila A. Eller） 著　刘芸　李映诺 / 译

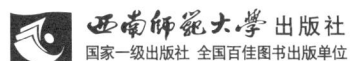

西南师范大学出版社
国家一级出版社　全国百佳图书出版单位

图书在版编目（CIP）数据

新教师的成功之道/（美）约翰·F.埃勒
(John F. Eller)，（美）希拉·A.埃勒
(Sheila A. Eller) 著; 刘芸, 李映诺译. -- 重庆：
西南师范大学出版社, 2017.7
（名师工程·新教育力译丛）
书名原文：Thriving as a New Teacher: Tools and
Strategies for Your First Year
ISBN 978-7-5621-8870-4

Ⅰ.①新… Ⅱ.①约…②希…③刘…④李… Ⅲ.
①师资培养 Ⅳ.① G451.2

中国版本图书馆 CIP 数据核字（2017）第 179755 号

Original title: Thriving as a New Teacher: Tools and
Strategies for Your First Year
Written by John F. Eller and Sheila A. Eller
Copyright 2016 by Solution Tree Press

The simplified Chinese translation rights arranged through Rightol Media
（本书中文简体版权经由锐拓传媒取得 Email:copyright@rightol.com）

新教师的成功之道

著　　者：[美] 约翰·F. 埃勒 (John F. Eller)
　　　　　　[美] 希拉·A. 埃勒 (Sheila A. Eller)
译　　者：刘　芸　李映诺
责任编辑：周万华
封面设计：眄想设计
排　　版：瞿　勤
出版发行：西南师范大学出版社　地址：重庆市北碚区天生路 1 号
　　　　　　邮编：400715　市场营销部电话：023-68868624
经　　销：新华书店
印　　刷：重庆荟文印务有限公司
开　　本：720mm×1030mm 1/16　　**印　张**：17　**字　数**：177 千字
版　　次：2017 年 8 月第 1 版　　**印　次**：2021 年 5 月第 2 次印刷
著作权合同登记号：版贸核渝字（2017）第 083 号
书　　号：ISBN 978-7-5621-8870-4
定　　价：45.00 元

关于作者

约翰·F. 埃勒（John F. Eller）博士是圣克罗德州立大学教育骨干博士培训项目的主任，他和弗吉尼亚理工学院以及州立大学的教育主管们一起，致力于骨干教师研究生项目的发展。他曾是一所学校的校长，还担任过校长培训中心的负责人，课程研究以及职员发展等部门的副主管。他还是 ASCD（前课程监管与发展协会）明尼苏达州分会的行政主任。

约翰很擅长指导有效教学策略的实践；成功处理问题；组建专业的学习团体；指导职员评估；培养研讨以及辅导能力；制订有指导性的策略方案；设计并推进学校主动性整改；推动差异教学；领导、选择并培养员工；建立形成监管机制。他的著作有《在教学中组建有效小组：如何激发小组讨论以及如何管理困难小组》、《如何管理和评估后进教师》（合著）、《现在你说了算！》、《如何让员工会议充满活力》、《转变校园文化的创意型策略》。他还参与写作了《如何引导后进固执员工》、《奖励先进：促进达标型教师向专业型教师成长》。

约翰在芝加哥洛约拉大学（Loyola University Chicago）获得教育领导及教育制度博士学位，他还拥有内布拉斯加大学（the University of Nebraska Omaha）教育领导硕士学位。

新教师的成功之道

希拉·A.埃勒（Sheila A. Eller）是教育学博士，她也是明尼苏达州山景公立中学（Mounds View Public Schools）的校长。她还是费尔法克斯县公立中学（弗吉尼亚州）[Fairfax County (Virginia) Public Schools]以及明尼苏达州其他一些学校的校长。希拉曾出任校长、大学教授、特殊教育老师、数学入门阶段老师、1～4年级自助学习课堂老师。

在费尔法克斯县，希拉通过完善职业教育指导、资源整合以及改进教学策略等方法，挽救了一所运行得很糟糕的学校，这所学校的大部分学生来自低收入家庭或者属于少数族裔人群。

希拉多次在国际大会上与各地区的学校代表分享她在学校整改、有效领导、教师评估、领导团队的组建、教师骨干的培养，以及其他多个领域的专业知识。作为芝加哥路易斯大学的教授，她组建了一个研发团队，开展了一系列关于数学课堂教学的课题研究，同时她的课堂授课还被录成录像作为这个系列课题的辅助资料。她与其他人一起写作了《如何让员工会议充满活力》、《如何管理和评估后进教师》以及《转换校园文化的创意型策略》。她还合著了《如何引导后进固执员工》以及《奖励先进：促进达标型教师向专业型教师成长》。

希拉是ASCD（前课程监管与发展协会）明尼苏达州分会管理委员会成员，明尼苏达州小学校长协会的地区主席。

希拉在圣克罗德州立大学获得教育领导和管理专业博士学位，克瑞顿大学硕士学位，以及爱荷华州立大学本科学位。

目 录

绪　论　初为人师的准备 — 1
教师职业之初体验 — 2
新教师的成长 — 3
成长的六个层面 — 3
本书纲要 — 6

第一章　了解你自己 — 7
新老师的必经阶段以及各阶段的影响 — 10
对于新老师必经的不同阶段的一些想法 — 24
为各阶段的准备 — 25
观念模式以及自我意识 — 26
有助于自我反思的人或者物 — 28
可控范畴原则 — 31
同行以及同事 — 38
职业道德和专业标准 — 42
小结与反思 — 44

第二章　出师大捷　　46

在教室留出一个可以活动的空间　　47
设计教室布局　　53
向学生和学生家长介绍自己　　55
学年开始时的一些互动活动　　67
安排好开学第一天　　82
小结与反思　　86

第三章　建立和学生的关系　　88

先听后说　　89
思考解读学生的谈话　　91
避免自顾自地说个不停　　92
建立并保持适当的眼神交流　　93
参与学生感兴趣的话题　　94
跟上当下潮流　　95
欢迎学生进入课堂　　96
知道学生的名字并且正确使用　　96
老师的要求清晰明确　　98
适当的幽默　　101
和学生一起设定目标　　103
小结与反思　　115

第四章	组建班级的过程与步骤	116
	组建积极班集体，营造良好班级氛围	117
	建立强制性纪律	123
	建立课堂秩序	124
	小结与反思	146

第五章	问题行为管理	148
	管理调皮捣蛋的学生	149
	发现问题	152
	问题行为解决方案——利用教室	155
	强化积极改变	164
	签订行为合同	168
	与学生家长有效合作，共同纠正学生的问题行为	173
	小结与反思	181

第六章	课程管理	183
	明确课程标准的概念及其重要性	184
	明确教学目标和学习目标	186
	制订教学目标和学习目标	189
	规划和实施单元教学计划	191
	备课	196
	小结与反思	199

第七章	综合评价	201
	评价的基本知识	202
	预测性评价	204
	形成性评价	212
	课后评价	225
	小结与反思	226
第八章	如何增强学生的学习主动性和参与感	227
	激发学生的学习主动性和参与感	228
	激发学生兴趣的策略	230
	网络资源	245
	分组策略	248
	小结与反思	254
结　语	成为一名表现出色的新老师	255
参考文献		258

绪　论　初为人师的准备

八月了，卡拉(Karla)即将成为一名初中英语老师。因此，她正在为新学期的第一课做准备。她一边准备，脑子里一边飞快地思考：我会有怎样的学生呢？我和他们的关系会如何？我能否帮助学生们学到东西呢？对于那些不听话的学生，以及满心焦虑的学生父母，我要怎么和他们沟通呢？我能否完成学校安排的教学任务呢？要如何安排教学进度，如何客观准确地评估学生呢？作为新老师，卡拉有太多的问题需要思考。她感觉压力很大。

对于刚刚进入教学岗位的新老师，在新学期开始的时候感觉有压力是很正常的。教书是一份高薪的职业，同时也是高难度的——回报与挑战并存。欢迎加入教师的行列！

教书不仅仅是一份工作，更是一份使命。对于大多数进入教育行业的人，这就是他们将要终身从事的事业。伟大的老师进入这一行是因为他们想要影响学生的生活。要能对别人产生影响，自己首先需要有热情,乐于付出。 有的人在小时候就表现出做老师的天赋,另外一些人则要等到年纪大些才会发现自己对于教书的热情,从而投身于教师行列中。 当某人决定要成为一名老师时,他应该明白这是一份高回报的职业,同时也充满挑战。 成为一名老师之后,你的生活会有很大改变。

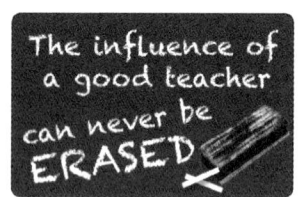

历史学家亨利·布鲁克斯·亚当斯(Henry Brooks Adams)说过:"伟大的老师对于学生的影响将伴其一生:那样的影响永远都不会消失。"的确,一名伟大老师的影响力是永远无法磨灭的。

教师职业之初体验

恭喜你从学生转型成为老师,尽管这样的转变有时候会让人感觉害怕! 教书这份工作会带给你很多挑战,有些挑战不大,但有些可能真的能挑战到你的极限。

作为老师,教学初期的体验对于我们整个教师生涯的成败至关重要。 因为工作初期的体验好坏将决定你对于教师这个职业的定义,而对于教师职业的个人定义则帮助你判断这是否是一份适合你的工作。

新教师的成长

这本书用"成长"来形容那些正在努力达成最优秀水平的新教师。所谓成长就是在进入教学工作的初期，努力克服各种不适应，在和学生相处中逐渐找到适合自己的有效的教学方法，顺利完成从学生到老师的过渡。新老师的成长在于克服内心的焦虑不安，逐步提高工作效率，在工作中找到自信。他们清楚地知道自己或许成功克服了一些问题和挑战，但也还有很多地方亟待改进。

他们集中注意力在那些对自己的教学有着重要影响的方面，比如作为老师应有的专业知识以及自我修养，比如如何给予学生客观的评估，还比如如何与其他同事有效合作。这些问题对于老师以及学生的影响都是巨大的。

成长的六个层面

新老师的成长涉及六个关键层面（图1），这六个层面就是这本书要讲的主要内容。

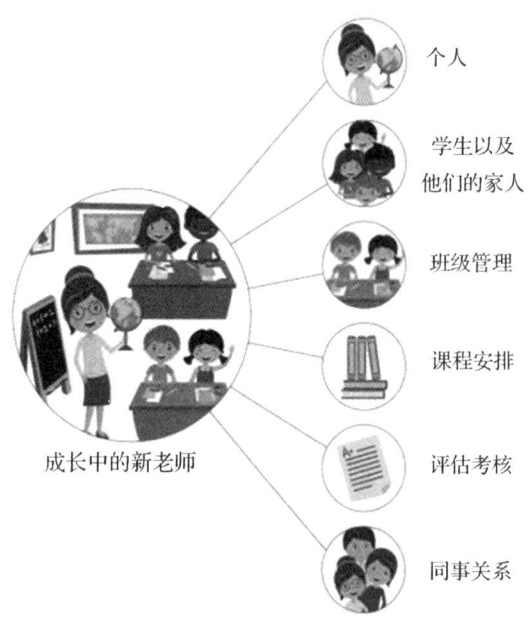

图 I　新老师成长的六个关键层面

在这本书中,我们将就这六个层面分别讨论教师工作的方法与策略。下面先简单介绍一下有哪六个层面。

▶**个人**:成长中的新老师应该拥有积极正面的生活态度以及正确客观的自我评估,能够与他人友好相处,拥有良好的沟通能力。

▶**学生以及他们的家人**:成长中的新老师应该相信学生以及他们的家人是可以成功的,而且乐于学习与成长。这样的老师才会注重培养学生的能力,积极争取学生家人的配合,最终帮助学生实现成功。

▶**班级管理**：成长中的新老师会努力成功管理好班级，为学生营造一个和谐的学习氛围。他们的班级通常都是有序的、公平的。他们知道如何预防纷争的发生，并且如果纷争真的发生了，他们也知道如何迅速地处理。

▶**课程安排**：成长中的新老师会让教学内容浅显易懂、有趣生动还贴近学生生活。他们知道如何循序渐进地指导学生学习。他们还知道拥有正确的学习目标和学习方法至关重要，因为只有明确了目标，并采用正确的方法，学生们才有可能获得最大程度的成长和收获。

▶**评估考核**：成长中的新老师能够设计出有效的评估考核方法来检测自己的教学效果以及学生的进步。通过评估考核，他们还可以设定下一步的教学目标以及教学方法。具体来说，他们采用的评估方法可以分为日常的形成性评估以及学期末的总结性评估。

▶**同事关系**：成长中的新老师明白建立起良好的同事关系也很重要。作为一个团队，同事间要彼此学习，彼此帮助支持。大家都要理解并遵守学校的教学规章制度。此外，这样的新老师还特别注重自己在专业知识上的不断积累，致力于个人专业能力的再发展，时刻更新并改进自己的教学方法和策略。

在下一章中，我们将逐个分析新老师成长的这六个层面，在每个层面都为新老师们提供了可以帮助他们发展的基本策略和方法，希望这些策略和方法可以帮助大家成为优秀的老师。

本书纲要

　　这本书根据上面谈到的六个层面安排章节。在第一章中，我们将一起反思自己有哪些在教学方面的天赋。这样的反思将为我们提供方向，指导我们如何成为优秀的新老师。在第二章中，我们将讨论教学初期的重要性，在这个初始阶段，我们对于学生、学生家长以及同事要有正面的、理性的认识。第三章将讨论经过第一阶段初步建立印象之后，要如何与学生形成长效的稳定关系。第四章和第五章将讨论班级管理的重要性，以及如何处理好问题学生引起的麻烦。在这两章中，我们还会为新老师们介绍一些成功的具体案例。第六章会讨论如何安排课程进度以及教学内容。第七章会谈到一些形成性和总结性的评估方法。第八章将介绍多种方法帮助激发课堂活力，吸引学生主动学习。所有这些章节都旨在帮助你成为优秀的老师。

第一章　了解你自己

安东尼奥(Antonio)是一所中学的历史老师,他刚刚完成在阿姆斯特朗中学(Armstrong High School)第一学期的授课。他记得在学期刚开始的时候,自己感觉异常慌乱,每天就好像在跑步机上跑着一样——为了跟上正常的工作节奏总是不停地忙碌着。他尝试使用的教学方法,有的效果还好,有的却并不成功。每天结束工作后,安东尼奥都会花时间反省过去这一天的教学以及感觉困难的地方。而新老师在对自己的工作进行反思时,总是更倾向于吹毛求疵,很难看到自己做得好的一面。

幸运的是,安东尼奥在学期开始的时候,仔细思考过自己的优势以及局限,他为自己设置了合理的工作目标。他还在工作时定期反思并及时调整自己的目标,他也经常咨询自己的岗培老师,和岗培老师讨论自己在教学中遇到的困难以及已经取得的一些进步。这种客观的认识交流帮助安东尼奥以及他的岗培老师真正了解他的教学情况,因此他们可以一起制订下一步的工作计划。

大多数新老师在开始工作的时候都会有类似于安东尼奥这样的经历与体会。秋季一开学就感觉到新学期的紧张，然后是繁重的工作让人疲惫不堪，最后甚至开始怀疑自己是否有能力做好一名老师。这是许多新老师在才开始工作时都会经历的一个过程。在这个过程中安东尼奥不断反思，重新认识自己的长处和不足，在日后需要时成为借鉴。安东尼奥对自己的剖析帮助他逐步适应了教学的工作，而另外有的人则可能始终被困于这个阶段。一些新老师可以充满自信地走过这个阶段，而另一些则可能开始质疑自己选择教书作为职业的意义和价值。

　　作为一名成长中的新老师，你首先要认识的是你自己——你需要认识自我的个性、能力以及你想在这份工作中实现的自我价值。在成功的道路上，个人背景和经历、个人的优势和局限以及个人的个性都是很重要的因素。在这一章节中，我们将从几个方面着手帮助新老师们认识自我。在成为老师的第一年中，你们可能在某些方面需要做出一定的改变。

　　尽管现在有丰富的学习资源、有趣的学习内容、高科技的学习设备，但帮助学生成功的最重要因素还是老师。只有当你们充分认识到自己是怎样的老师之后，才能让所有的这些资源、科技以及方法为你所用，帮助学生获得成功。

　　在第一年的教学中，你可能感觉自己就好像在坐过山车。有的时候感觉好极了，有的时候却在问自己为什么就做了老师呢？要知道，作为新老师有这样起伏的心理变化是再正常不过的了。在位于圣克鲁兹的加利福尼亚大学有一个新老师研究中心，他们创建了一个模板来帮助新老师认识这个变化过程。老师们可以依据这个模板做自我分析，新老师在开始教书时，经历的这几阶段变化过程，将对你能否成功成为一名优秀的老师产生影响。图1.1总结创建出一个新老师不同体验变化的模板。

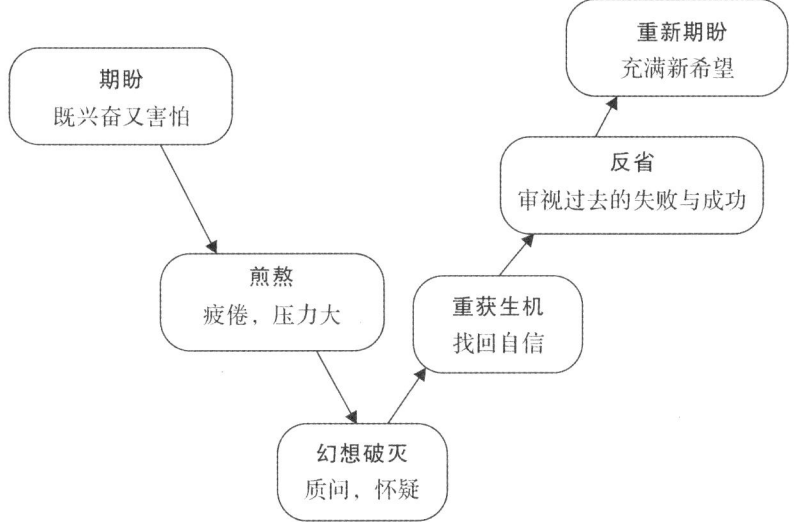

图1.1 新老师在教书第一年对教学工作的阶段性经历体验

新老师的必经阶段以及各阶段的影响

许多新老师都发现教书的第一年是最具挑战的一年。但也有人会感觉兴奋，因为毕竟有机会真正和学生直接交流。新老师们通常都会意识到要成为一名合格的老师远不止备备课、上上课这么简单。艾伦·莫尔（Ellen Moir）是新老师研究中心的创建者以及主要负责人，她在2011年发表的文章中将新老师第一年教书的经历体验分为六个阶段：期盼阶段、煎熬阶段、幻想破灭阶段、重获生机阶段、反省阶段、重新期盼阶段。下面我们会分别解释说明每个阶段，并就如何成功度过这几个阶段给予相应的建议。

期盼阶段

在期盼阶段，你可能会因为自己即将接触到学生而感觉兴奋。这个阶段可能开始于你的职前培训，然后一直延续到开学后的几个星期。在这个阶段中，你会感觉兴奋，但同时也可能还有些担心、害怕。

当然，每个人在这个阶段的感受不一定都相同，但是，我们还是可以介绍一些方法来帮助新老师们摆正工作重心。下面的这些方法可能可以帮助你顺利度过这个阶段。

▶明白你正在经历的情绪感受都是真实的、正常的。

▶在教学日志中记下你在这一年工作中的感受和目标。

▶许多学校,却为新老师都配有岗培老师(mentors)、指导老师(coaches)或者是其他一些一起工作的同事来帮助他们顺利过渡。如果你有这样一个指定的帮手,请尽早安排时间和他讨论你的工作目标。

在这一章开始的时候我们谈到的安东尼奥就是一位新老师,现在让我们一起来看看他是如何用上面的方法来帮助自己度过期盼阶段的。

在开始为秋季开学工作做准备的时候,只要一想到即将来临的一年,安东尼奥就忍不住兴奋。会是怎样的一群学生呢?对于自己的想法和方法,学生们会有怎样的反应呢?作为一名新老师,要如何开展工作呢?安东尼奥的岗培老师赫米内(Hermine)打算和他见一面,听听他对于即将到来的一年有何打算。安东尼奥决定将这次见面视为他教师生涯的正式开始。从第一次与赫米内见面开始,安东尼奥就十分信任她,相信这位岗培老师可以帮助他成为一名好老师。

安东尼奥在一张单子上列出了自己擅长的和不擅长的地方。然后,他还写下了在开学后的几个月他对于自己以及学生的四个目标。在和岗培老师见面时,安东尼奥把这些内容都解释给她听。赫米内很仔细地听,然后问安东尼奥是否愿意听一听她的意见。然后关于安东尼奥列出的优点和不足,赫米内谈了自己的看法,对于安东尼奥的工作目标她也给出了自己的建议。最后,她还帮助安东尼奥制订了工作计划以及评估方法,因为这个是安东尼奥认为自己不擅长的部分。

在谈话之后,安东尼奥能感觉赫米内很乐意帮助他。对于即将到来的新学期,他感觉更放心了。

从这个事例,我们可以看出在学期开始之前,花上一段时间思考自己的教学计划,并和岗培老师谈谈自己的想法,对于新老师做好工作是很重要的。这使得安东尼奥可以善用期盼阶段通常存在的兴奋感,使之成为一种能量帮助他更专注于找到管理班级的具体方法。

煎熬阶段

开学一个月后,你可能就开始感觉不堪重负。每天都有需要准备的新课,所以你不得不加班加点地工作,甚至在周末也得不到休息。就算你在夏天的假期里已经提前做了准备,但很快你就会发现许多地方都需要重新调整,总有一些计划之外的情况出现,有的时候你准备好的课并不适用于具体情况。作为新老师,你会发现自己忙个不停,片刻不得休息。在这个阶段你会备感压力,认为一切都是因为自己选错了职业,从而产生辞职的念头。

下面有一些方法可以帮助你度过这个煎熬阶段。

▶明白你目前正经历的感受是真实的、正常的。在新老师中,一些人会感觉不堪重负,而另一些则感觉自己像是在"跑步机上"一直跑——不停地工作，不知道什么时候才是个头，还有一些人说无论是教书，还是处理学生问题，他们越来越感觉没有自信。你可以选择忽略或是压抑这些感受，但它们会始终存在于你的潜意识中，阻挠你获得真正的成功。

▶找你的岗培老师或者指导老师谈谈。告诉他们你的感受和想法，以及你希望从他们那里获得的帮助。如果你希望得到安慰，在谈话开始时就说出来。如果你希望获得方法上的指导或者帮助，也在一开始就直接告诉他们。在很多情况下，除非我们直接把需求说出来，否则很难得到自己真正想要的。

▶找教学内容和你相似的且有经验的同事。看看他们是否愿意和你分享他们的教学经验和方法，这样你也可以在自己的课堂上使用。

▶将注意力集中在做好工作上，但不要凡事苛求完美。你还在学习的过程中，所以你做的不可能都是完美的。记住这一点可以帮助一些新老师减少自己给自己的压力，消除一些负面情绪，顺利度过这个煎熬阶段。

▶回顾一下你在期盼阶段记在日志中的笔记。看看学期开始之前，你列出的关于自己擅长的东西。同时也看看你当初选择成为老师的原因是什么。想想自己的长处以及对于教育曾经的热情和兴奋可以帮助你重拾信心，再次找到力量和勇气。

▶找机会反思，想想自己已经获得的成功以及正面临的困难。

当你反思自己的教学时，关注那些导致你教学失败的具体问题，不要单纯地自我批评，完全否定那些没有上成功的课。回想一下你为自己以及自己的工作设定的目标。看看目前已经到了哪个阶段，已经获得了哪些成果。你有可能发现自己其实做得比预期的还要好。

▶想想什么是"可控范畴"（这一点我们在这一章后面会再讨论）。分清楚什么是你可以控制的，而哪些并不属于你的控制范围。集中力量解决在你控制范围内的问题。对于那些不可控制的，你需要做出选择。要么选择完全忽略，要么努力提高自己的能力让它们成为可控制的。对于可控范畴的界定可以帮助所有老师应对他们所处的境况和需要处理的事件。

▶这个阶段尤其需要腾出时间坚持锻炼身体。体育锻炼可以帮助我们释放情绪，保持头脑清醒。在工作时，短暂停顿一下，喘口气，可以帮助我们重新振作。事实上，偶尔的短暂停顿可以帮助我们工作得更好，停顿之后再工作的效率可能远胜过精疲力竭地干个不停。

▶找个人（你的伴侣、家人、朋友或者某个有意义的人）聊聊让你开心的或者不开心的事情。这个人或许不能给予你什么实际的帮助，但能听你倾吐一番也是很有帮助的。

现在让我们来看看新老师安东尼奥是如何度过这个煎熬阶段的。

当一天的工作结束时,无论是身体上还是精神上,安东尼奥都感觉精疲力竭。除了白天教一整天的书,到了晚上安东尼奥还有工作要完成,甚至周末也需要备课。他感觉无论自己多么努力,仍然不堪重负。安东尼奥开始怀疑自己做老师的决定是否正确。

这时,他想起自己曾经读到的关于新老师要经历的煎熬阶段的内容。他决定尝试用学到的一些方法来调整自己的情绪,帮助他度过这个阶段。

他决定为自己的加班设定一个时间界限。每天坚持30分钟强度不大的锻炼。他还不时读读自己写下的想要成为老师的原因以及他认为自己作为老师的某些优势。在反思自己为什么加班时,安东尼奥发现因为期盼课堂完美,他花了太多时间备课。有时候调整一堂课就花了他将近两个小时的时间。但仔细想来,那些"完美"准备的课其实比那些没有花这么长时间准备的课也好不了多少。

通过锻炼身体,反思自己的长处,提高工作效率,安东尼奥感觉慢慢能够控制住一些情况。尽管还是很忙,但他能感觉是自己在控制情况而不是被情况所控制。这种新的认识帮助他顺利度过了这段煎熬时期。

对于大多数新老师来说,这段时期都是艰难的。我们在这一节中列出的一些方法或许可以帮助你解决这一时期的困难。但是因为每个老师的处境不同,所以你需要尝试不同的方法,找到最适合自己的,这一点很重要。

幻想破灭阶段

幻想破灭阶段通常开始于新学期开始后的第六周到第八周，通常是诸多压力产生的恶果。在刚过去的那段时间，新老师们不仅要备好课，管理好班级，还要设计考试评估，批改作业，与家长交流，所以他们通常不得不加班加点地工作。现在，他们可能刚做完和家长们的第一轮个别交流，第一次接受完学校校长的检查评估。

进入幻想破灭阶段，新老师们会对自己异常严苛，花很多时间质疑自己的能力以及投身教育事业的决定。他们不得不承认事情和自己认为的有很大不同，甚至还感觉校长并不满意自己的表现或者进步，认为校长可能会后悔没有选择另外的应聘者。除了所有这些来自工作的压力之外，还有家人（伴侣或者其他重要的人，比如你的孩子、父母等）也在抱怨你总是工作，没有陪伴他们的时间，你和家人显得疏远了，对他们缺乏耐心。你感觉疲倦，身体不适，却不能请假休息，因为你的课程计划还没有完成，还有很多工作需要做。

下面的方法可以帮助你度过这个阶段。

▶请记住，感觉幻想破灭是正常的，这是大多数老师都会经历的一段时期。你要试着认识这个阶段，了解它对你有怎样的影响。对它的认识越多，越有助于度过这一困难时期。

▶找你的岗培老师或者指导老师谈谈。让他/她知道你正在经历的失望沮丧，请求他们帮助你找到方法度过这一时期。谈话的时候请直接说明；让你的岗培老师或者指导老师知道你希望通过谈话获得什么帮助——你是需要他们帮你换个角度看问题，帮助你找到失望沮丧的原因，还是希望他们为你提供解决问题的办法？如果你只是想要找个人听你说说话，并不需要什么建议，也请直接告诉你的岗培老师，这样他/她就不必花心思帮你想解决问题的办法了。清楚知道自己需要什么、期盼什么可以帮助谈话更具成效。

▶发现你已经获得的成果。一些新老师们发现回看自己在学期前的日志，重新读读自己在那里写下的个人长处和目标很有帮助。如果你选择这样的方法，请注意多看看自己做得不错的方面，而不要总是关注自己的那些不足之处。多找找自己已经取得的一些进展，不要老把眼光放在那些还未完成的部分。多关注自己的长处以及已经取得的成果，可以帮助你从失望沮丧的情绪中走出来，重新获得自信。

▶确保足够的休息和锻炼。尽管你通常都很忙，但是在周末尽量花一天时间让自己恢复是有帮助的。这个方法在假期休息时同样有用。你可能认为业余时间应该用来赶上工作进度，但其实你从工作中适时地抽身出来，抒一抒思路也是有必要的。

▶根据可控范畴原则梳理一下在你的情况中，哪些是受你控制的，哪些是你无能为力的。重新找回可控感可以帮助一些新老师顺利度过这个失望沮丧的阶段。

我们的新老师安东尼奥也经历了这样一段失望沮丧的时期。让我们来看看他是如何应对的。

在新的岗位工作三个月之后，安东尼奥开始问自己为什么想当一名老师。那个时候，他的一些课程进行得很顺利，而另一些则不然。他开始觉得或许他并不能为学生带来改变——自己仿佛并不适合当老师。很明显，安东尼奥正在经历我们所说的失望沮丧时期。

当他注意到自己有这样一些负面的想法时，他想起曾经读到的关于幻想破灭阶段的内容。他和自己的岗培老师赫米内约了一个时间见面，谈到这个情况。赫米内很认真地聆听并提醒安东尼奥失望沮丧是新老师很容易有的情绪。然后他们一起回看了他的日志。赫米内帮助安东尼奥回忆自己有很多适合教书的长处，以及他已经实现的一些教学目标。赫米内还帮助安东尼奥找到哪些困难是他可以控制改变的，而哪些并不属于他的控制范围。

在谈话之后，安东尼奥感觉好了很多。尽管许多困难仍然未解决，但在和这位值得信赖的同事谈过之后，他感觉自己重新找回了信心。

幻想破灭阶段有时可能是危险的。因为正是在这个困难时期，许多新老师考虑辞职不再做老师。因为他们在幻想破灭后感觉异常失望沮丧。当你在经历这个阶段的时候要小心，记得使用我们谈到的这些方法来帮助你克服。

重获生机阶段

在挨过幻想破灭阶段之后，你可能会发现自己进入一段重获生机的阶段。在这个阶段，你感觉自己对教学重新充满热情。那通常是在第一学期假期之后，你可能在假期中很好地调整了自己，而且现在你对所在的学校也有了更好的认识，能够更客观地看待老师这份职业，通过对第一学期教学工作的反思，你也吸取了一定的经验教训。现在你有机会更妥当地安排自己的生活，有足够的休息时间，在安排下学期的教学与活动的时候更有效率。通过第一学期的工作，你学习到新的教学方法和策略，这样在新的一学期中，你在管理班级、安排课程、设定教学计划和评估方面就能够避免那些在第一学期已经出现过的问题。另外，你和同事的关系，包括和你的岗培老师以及其他老师的关系也应该有所增进。所以在这个阶段，你不必走一步计划一步，可以做些比较长远的打算和安排。

克服幻想破灭阶段进入重获生机阶段并不容易。但是一旦进入到重获生机的阶段，请谨记以下几点：

▶恭喜你终于突围而出！好好庆祝一番，享受充满活力的这一时期吧。

▶好好利用你重新获得的信心去解决之前的一些问题。你可以以一种全新的观点看待那些问题，从而发找到的方法帮助你在未来避免再次陷入那样的麻烦。

▶和你的岗培老师或者指导老师谈谈。和他们一起庆祝你重获的信心与热情。向他们寻求点子和方法帮助你在剩余的学年中保持这种积极正面的心态。和之前一样,在你和岗培老师以及指导老师交谈的时候请清楚说明你需要的帮助是什么。

▶花一些时间为自己储备能量。你可能还会遇到某些困难,所以我们需要为未来储备一些能量。

让我们再来看看新老师安东尼奥是如何度过他的重获生机时期的。

经过几个星期的挣扎之后,安东尼奥开始感觉好些,也有了一些自信心。在幻想破灭阶段他采用的一些方法开始起了作用。他注意到自己心中重新燃起对教学的热情,在处理那些控制范围以内的问题时,他感觉更有把握。

当他感觉失望沮丧时,安东尼奥有找他的岗培老师谈过,所以他觉得也有必要和岗培老师谈谈现在自己在感觉上的变化。他安排时间与赫米内见面,准备告诉她在最近一段时间,自己对教学工作好像重新有了信心,有了热情。

一天,赫米内在放学后来到安东尼奥的教室,听他谈到这些好现象。她一边听一边感觉安东尼奥正处于重获生机时期。她鼓励安东尼奥重新阅读自己以前写的日志,重新回顾他的长处、局限以及自己定下的目标,看看在这些方面自己已经获得的进步。她要安东尼奥谈谈自己近一段时间的感受,并思考是什么帮助他进入到目前的情绪状态中。这样做是为了帮助安东尼奥明白他是如何克服工作中的困境。赫米内鼓励安东尼奥在日志中加上一些关于他们谈话的内容,并祝贺他克服沮丧的时期进入这个全新的阶段。安东尼奥很高兴与赫米内见面,对将来的教学工作他也充满信心。

安东尼奥庆祝自己进入生机焕发的时期,并努力保持目前取得的成果。在将来当他再次遇到麻烦,感觉不堪重负、失望沮丧的时候,就可以回想在生机焕发期的感受,学会调整自我。

反省阶段

等到了学年结束的时候,你就有时间反省了。新老师们可以利用假期反思在过去一学年里自己的成功与失败。你需要仔细回想那些进行得顺利的方面并从中总结经验;同时,你也会思考有哪些是进行得不顺利的,需要你做出哪些改变来避免同样的问题再次出现。在下学年开始的时候,哪些方面需要改进,在暑假的时候你要为将来的工作做怎样的准备。

反省阶段可能是其他职业很难有的机会。而作为老师,在每个学年之间我们都有一段假期,这就是一个反省的好机会,我们可以利用这段时间仔细回想之前的工作自己做得如何,以及以后需要在哪些方面做出改进。

老师们得天独厚地拥有这样一段可以好好反思的时间，思考在工作上需要做出哪些改进，所以一定要充分发挥这段时间的价值。遵循以下的方法或许可以帮助你尽可能好地度过这一时期。

▶认识到在学年结束的时候你将进入这样一个阶段，所以我们要为反省做好准备。

▶关于如何度过这一时期，可以找你的岗培老师或者指导老师谈谈。请他们给你一些建议，帮助你反省，为即将到来的新学年做好准备。

▶请你的岗培老师列出一系列有条理的问题帮助你反省。这些问题可以类似于，"在这一年中你感觉哪些方面进行得不错"或者"在下一学年你打算在哪些方面做出改进"或者"你希望在下学年不再发生怎样的情况"。这些问题可以帮助你思考一些具体的细节，这样你的反思才能进行得更深入。一些泛泛的提问可能无法达到这样的深度。

▶制订一个初步的计划帮助你改进下学年的教学或者是解决班级管理方面的一些细节问题。虽然大部分的计划都是在夏天之后才会被真正用到，但如果等到那个时候再做计划，你可能已经忘记了自己在反思中意识到需要改进的地方。提前为过段时间才来的工作做计划，记下一些笔记会更有帮助，这些笔记也可以帮助你计划得更详尽。

第一章　了解你自己

▶在反省的时候请注意保持平衡，也就是要看到自己需要改进的地方，同时也应该认识到自己已经获得的成果。

让我们再来看看新老师安东尼奥用了哪些方法度过反省期。

对于安东尼奥来说学年终于到了结束的时候。在第一学年中，他学到了很多，而他也希望在下一个学年里可以有改进。安东尼奥用了几个晚上的时间在日志中记下自己的一些想法。在反省中，安东尼奥认识到有些方面他希望在下个学年继续坚持，而有些方面是他希望改进的。想到在即将到来的新学年他准备做的事情，安东尼奥又有些兴奋了。

所以他安排时间和他的岗培老师赫米内见面。在见面过程中，安东尼奥和赫米内谈到了他的自我反思内容，并希望她给予更多的建议。关于安东尼奥的反思，赫米内谈了自己的看法，对于他提到的关于下学年需要改进的地方，赫米内也给出了自己的一些建议。安东尼奥很感谢赫米内给予的帮助并告诉她作为岗培老师，她在第一学年中对自己的工作有很大帮助。

在这个例子中，我们看到安东尼奥如何利用自我反省帮助自己计划将来的工作。另外我们也可以清楚地看到与岗培老师的谈话如何帮助安东尼奥。和岗培老师一起讨论听上去是再正常不过的方法了，但是有许多新老师并没有充分享用到岗培老师的好处。有时新老师们可能不希望别人发现自己遇到了麻烦。但是积极成长的新老师总是和岗培老师或者指导老师保持着良好的关系，不断向他们学习。

重新期盼阶段

结束反省之后，你可能发现自己再次充满工作的热情与动力。你可能感觉自己作为新老师终于克服第一学年的挑战，可以进入下一阶段了。当你展望未来的时候，你可能再一次感受到在第一学年开始时那种满是期盼的感觉。这次同样是充满期盼，但却与之前的感觉有所不同。现在你对教学工作中的困难和挑战已经有了更真切的认识。对于学生、学生家长以及他们的家人的感受也不同了，因为你已经认识他们了。带着这种更真切的认识，一些新老师发现他们在处理问题时比以前更小心谨慎。注意不要让这样的谨慎变成胆小怕事。有时候凡事怀疑是很消极的，可能影响我们的心态，继续发展下去还可能影响我们的生活工作。当我们进入新的期盼阶段时，我们对问题的认识更客观，但也要更乐观积极了。

对于新老师必经的不同阶段的一些想法

新老师必经的各个阶段好像是依次循环的一个圈，而且这些阶段有可能呈现出不同的征兆，又或者在每位新老师身上发生的顺序可能是不同的。所以当你遇到这样的情况时，请记住下面几点。

▶ 你并不是唯一一个有这种想法或者感受的人。新老师经历的不同阶段也不只是新老师才有的。其他一些更有经验的老师们也可能在学年工作中经历同样的情况。

▶不同老师在不同阶段的感受强度可能有所不同。

▶每个老师经历不同阶段的时间长短可能会不同。

▶在一学年中，老师们可能会在某个阶段久久徘徊。比如，某位老师可能要在煎熬阶段熬很久才能进入自我反省以及重新期盼的阶段。在某个阶段中经历的时间长些是很正常的。

为各阶段的准备

表1.1中的模板将帮助你度过新老师要经历的不同阶段。它提供一个切实可循的方法帮助你将工作精力和重心集中在重要的事情上，在工作中更客观，减少个人情绪带来的负面影响。

表1.1 帮助新老师度过不同阶段的计划与反省模板

说明：这个模板可以帮助你度过新老师将要经历的不同阶段。			
阶 段	你在这个阶段的体会	帮助你度过这个阶段的方法	方法使用的效果
期盼阶段			
煎熬阶段			
幻想破灭阶段			

续表

说明:这个模板可以帮助你度过新老师将要经历的不同阶段。			
重获生机阶段			
反省阶段			
重新期盼阶段			
关于这些阶段以及你在整个第一学年的经历写一段总结反省。			

观念模式以及自我意识

  你的观念模式以及自我意识可以成就或者摧毁你的教师生涯。如果你相信自己有能力、有热情完成这份工作，那么你就可能获得成功。如果你怀疑自己，让失望蔓延，你就可能真的一事无成。仔细想想你成功获得聘任的原因：你拥有的能力，你对教育的感悟，你的实际工作经验，以及其他经历，比如你曾经是学生夏令营区的培训老师，或者带领过夏天的青年人活动项目，等等，所有这些曾经的体验都是你作为老师的资本。许多新老师开始的时候还信心满满，但在经历过第一个学期以后他们会慢慢没有了信心。

在你遭遇那些让你的自信心受到挑战的阶段之前,最好清楚明白自己的优势是什么。有一种方法可以帮助新老师建立自信,那就是逐渐认识自己的能力,清楚哪些是自己不擅长的。表1.2 为你们提供一个模板,可以在新学期开始之前试着填写一下。通过填写这个表格并加以反思,可以让自己在教学工作初期更清楚地了解个人的优势以及兴趣之所在。如果在学年开始前你有思考过自己的优势,那么在你遭遇困境的时候就可以翻看这些笔记。提前做好准备可以帮助你在以后动摇的时候保持坚定。

表1.2　反省自身优势以及不足的表格

说明:列出你的优势以及不足,并认真思考。			
优势方面	优势的证明	不足之处	不足的证明
在完成这个表格之后,请花些时间做以下的思考:			
1.当你在考虑自身优势时,有没有发现什么规律或者模式?对于将来的成功,什么规律或者模式更为重要?在教学工作开始时,你计划如何利用或者发挥你的优势?			

续表

2. 当你在考虑自身不足的时候,有没有注意到什么规律或者模式?你希望获得怎样的能力以克服这些不足?在教学工作开始的时候,对于这些自身的不足你有没有什么计划去克服它?

3. 对于现在你记录下的自身的优势以及不足,你打算什么时候重新浏览看看?在第一学年的教学中,你将通过怎样的方式来衡量自己的成长进步?

有助于自我反思的人或者物

有时候我们能正确认知自己的长处或者不足,而有的时候却不能,所以借助别人的帮助来认识自我,认识自己的优势以及局限是很好的方法。透过别人提供的一些信息,我们可以对自己的工作做出比较客观的判断。下面就让我们一起来讨论一下可以帮助我们认识自我的外在因素有哪些。

校长

一想到和校长谈话总是让人有点害怕——尤其是那些要给你做评估的校长。在新学年开始的时候,你需要花一些时间思考自身的长处与不足。而在应聘阶段,你的校长可能已经掌握了一些关于你的长处以及不足的资料,这些资料会对你有所帮助。随着校长对你有了更多的了解,他可能对你有更深的认识,所以校长其实可以帮助或指导你安排接下来的一年的工作。你的校长恐怕还知道关于你的学生的情况，这也可以帮助你在学年开始前准备得更充分。比如说，在招聘时，他可能注意到你可以很快和学生相处融洽，你拥有的某方面的能力很适合这个部门或者这个年级，或者对于要教授的学科内容你具备很好的专业知识。所有这些能力都说明你很适合教某些特定的学生。你的校长可以帮助你更好地发挥这些能力并提前做好工作计划。

当你和校长交流时，请仔细记下他的建议，这样在做自我反思时，可以根据这些记录，仔细想想是什么样的表现使校长对你有这样的判断和认识。请记得把这些内容记到你的日志中。

岗培老师或者指导老师

正如我们在前面提到的，学校通常为新老师安排有岗培老师、指导老师或者其他同事负责指导，帮助你们顺利过渡，适应教师工作。如果你有这样一个可以提供帮助的人，请和他约时间定期见面，请他观摩你的教学，还可以请他和你的校长或者是负责招聘你的工作人员谈话，交流关于你的情况。岗培老师、指导老师以及其他同事需要全面了解你在工作中的成绩以及所面临的困难。你需要安排时间和他们见面，询问他们对于你在工作中取得的成绩以及还存在的问题等方面有什么看法。在和他们谈话时请记好笔记，把相关内容记到你的日志或者阶段模板上。

工作守则

提前认识了解你即将进入的工作岗位也可以帮助你更好地认识自己的能力以及可能面对的困难。即便有的工作守则很简略，你仍然可以从中发现一些内容让你对可能遭遇的挑战提前做好准备。比方说，如果工作守则上说老师需要根据评估分析学生情况并充分利用这些分析来帮助不同学生获得成功，这其实就是在告诉你如何评估学生是你工作中很重要的一部分。

地区或者学校的教学评价标准

《奖励先进：促进达标型教师向专业型教师成长》一书中探讨过学校有必要为老师们明确教学评价的标准。清楚明了的评价标准可以帮助老师们明白自己的教学需要达到哪些方面的要求。所以你需要仔细阅读你所在地区的教学标准。在你阅读的同时，仔细思考你有哪些长处有助于达成那样的标准，而在哪些方面还需要改进。比如说，如果有标准要求有效管理班级，而你比较擅长和学生建立良好关系，你就可以认真思考如何利用自己的这一长处达成这个标准。在你想到类似事例时，请把它们记到你的日志或者反省模板中。

可控范畴原则

请谨记有些事情属于我们可以控制的范围，而有些并不属于我们可以控制的范围。比如说，你可以控制自己对学生的态度、教学的进度以及你用来激发学生学习的方法。在这些范围内出现的问题你可以尽全力去改进。

而另外有一些情况虽然和教学相关但却并不属于老师可以控制的范围。这些方面可能包括学生以及家长对你的态度、来到你的班级之前学生的经历以及学生的能力程度。既然这些不在你的控制范围，那你想要改变它就是很困难的。

了解什么是你可控制的而什么不是属于你可以控制的很重要，它能够帮助你保持健康的情绪，最终获得成功。在很多情况下，一些才成为老师的人总是试图影响学生生活的各个方面，后来才发现自己被一些不属于自己控制范围的事情弄得焦躁不安，很容易陷入沮丧难过的情绪中，开始担忧焦虑。还可能导致更严重的失望情绪，甚至是绝望，这会对你的思维模式以及你对教学工作的认同感产生极为负面的影响。

在史蒂芬·柯维（Stephen R. Covey）的著作《高效率的人的七种习惯》中提到观望圈（那些超出自己控制范围的事物）以及影响圈（那些属于自己控制范围的事物）。柯维的观点是：我们需要把时间花在那些属于我们控制范围的事物上面——也就是影响圈里的事物——然后尽量少花时间去担心，甚至试图改变属于观望圈内的事物，也就是那些超出我们控制范围的事物。

现在让我们来看看下面这个事例。

梅勒妮（Melanie）是一所中学的数学老师，她已经处理过很多班级里出现的困难问题。一天下午，当时只有四分之一的学生在教室里面，教室显得很吵闹无序。学生们随意离开座位，彼此推搡打闹。梅勒妮不得不不断招呼学生，要求他们回到自己座位坐好。这完全是在浪费课堂教学的时间，让人很烦。梅勒妮有些生气，对学生的表现很不满意，因为他们在她的课堂上看起来很不守规矩，毫无章法。

梅勒妮想起读到过的关于可控制范围的内容，于是想试试那样的理论是否可以帮助她。她请求和她的岗培老师菲利普（Phillip）见个面，一起分析一下她遇到的情况。梅勒妮先谈了谈她的看法，然后和菲利普一起完成表1.3的模板。

接下来菲利普告诉梅勒妮要尽量将注意力放到自己可以控制的事物上。菲利普为梅勒妮介绍了一些可以帮助她解决类似问题的方法。

梅勒妮的岗培老师建议她设计一个更好的方法方便学生进入教室，然后在课堂开始的时候安排一个有吸引力的活动吸引学生的注意力。这些都是属于老师可以控制的范围。梅勒妮重新客观地观察课堂的情况，她注意到确实有一些问题阻挠学生在进入教室后马上投入学习。首先，她注意到有一些桌子刚好挡住了门口，所以学生们不得不绕道而行，这就让他们不能够马上回到自己的位置坐好。第二，她也注意到每次上课之前，自己大多在教室门的另一头检查学生出勤的情况。第三，其实也有一些学生及时做好了上课的准备，但是因为梅勒妮迟迟没有反应，没有任何安排，于是他们也开始和其他学生讲话，走神了。

表1.3 帮助分辨可控范围以及不可控范围的表格

说明：这个模板可以帮助你检查班级出现的问题，判断哪些属于你的可控范畴。

1. 列出你遇到的问题或者困难。

   学生进入课堂学习很没有规范。

2. 列出和这个问题或者困难相关的其他问题。

   学生要花很长时间才能进入学习状态。相互推搡打闹。想要学习的学生被行为不规范的学生所打扰。每次都要花很长的时间才能进入正常的教学活动。因为课堂开始的时候很杂乱，所以学生在课程进行中也很容易走神。

3. 使用下面的表格，把你列出的相关问题按照可控范围和不可控范围做分类。

在你控制范围以内的问题	不在你控制范围以内的问题
• 学生进入班级的纪律规定。 • 我对于学生进入教室时的无序现象的处理。 • 教室内桌椅的摆放。	• 学生坐下准备好开始上课的自觉性。 • 学生进入教室的习惯。 • 在我检查出勤时，已经进入教室等待课程开始的学生的行为。

续表

4.你对于问题1,2的解决方案是什么？ 　　我需要改进课堂开始前的计划安排,比如我可以提供一些活动,让那些先进入教室的学生有事可做。我需要移开一些挡住教室进出口的桌椅。我需要积极正面地陈述我的要求,而不是对学生生气发脾气。 5.完成这个练习,你学会了什么？ 　　我学习到有一些简单有效的方法可以用来解决这类问题。

　　为了改善这样的情况,梅勒妮移开了挡在门口的桌椅。她还把自己的电脑搬到教室门口,这样在检查出勤时,她可以离门口近些。最后,梅勒妮贴出一些活动要求,让学生一进入教室就开始做,这样在她检查出勤时,那些已经进入教室的学生们可以有事可做。这样的方法实施几天之后,梅勒妮感觉课前混乱的情况有很大改善,学生们能很快进入学习状态。

　　除了在班级管理方面,新老师还可以在其他很多方面运用可控范围原则来处理问题,比如：

▶学生对于新的班级纪律的反应。

▶学生家长对于你的班级管理、教学风格或者处理问题的方式的看法。

▶学生和家长的反馈中对你的接受程度。

▶同事对于你的班级的看法。

▶校长对于你的某项工作的评估。

▶与教学相关的其他方面的问题。

在遇到问题的时候，请一定思考一下哪些是你可以控制的，这可以帮助你真正看清楚问题所在。我们在之前讨论过新老师必经的不同阶段。定义可控制范围的方法适用于各个阶段，但或许在你经历煎熬阶段以及幻想破灭阶段时，这种方法更有帮助。当你遇到棘手的问题或者开始担心忧虑的时候就想想这个方法吧。

留下好的第一印象

作为一名新老师，留下好的第一印象是你的可控范围之内的情况。在你努力组织课堂教学的时候，记得要让你的行为看起来像是一个专业的教育工作者。比如说，如果你把教室装点得整齐干净，学生就会在你的课堂上表现得井然有序，所以请确保在新学年开始的第一天让一切都准备妥当。在你发消息给学生或者学生家长的时候（不论是手写还是电子邮件），请花时间检查一遍，确保所发的信息清楚明了，格式正确，没有拼写或者语法上的错误，并且能准确表达你想要表达的意思。多花一点心思在这样的细节上，将帮助你给学生以及他们的家人留下一个好的第一印象。

除了要给你的学生和学生家长留下好的第一印象，你还需要让你的校长以及你的同事对你有好印象。毕竟在接下来的一学年（希望在更长的时间里）你将和他们一起共事。如果他们对你有好的印象，就可能更愿意帮助你取得成功。如果他们发现你是一个冷漠又没有礼貌的人，就不会尽心帮助你。一个新老师的失败，在合同到期后无法续签，除了教学方法欠缺之外，还有很大部分是这个老师在个性以及专业水准方面有问题。

了解你的学校、同事团队以及学生

在你准备教学的时候，最好提前花时间了解一下你所在的学校。了解这所学校的背景，有哪些优势，哪些方面是它的强项，而它又在哪些方面有所不足。你所在的同事团队有哪些方面是值得骄傲的？这个团队的优势是什么？他们对教育价值的定义是什么？

当你在考虑你的学生的时候，想办法了解他们的大致情况。学生们的生活环境是否相似？他们的能力如何？他们是否有什么特殊情况？他们是否面临某些特别的挑战或者困难？他们的家长是否愿意提供帮助？学生之间的差异大不大？

选择从事教育工作的人，大多是因为他们喜欢自己以前的学校，崇拜他们的老师，或者自己可能是非常优秀的学生。而你所教的许多学生恐怕没有这样的感受，他们甚至根本就不喜欢学校。你的一些学生对学校甚至还有很负面的印象，或者他们的兄弟姐妹、他们的家长对学校有不好的印象。他们可能并不喜欢你教的学科。实际上，还有一些甚至讨厌学校，讨厌你所教的学科。

记住这一点很重要。许多新老师会因为某些学生的态度和行为感到惊讶。他们无法理解为什么学生不喜欢学校，或者不喜欢自己教的这门学科。你应该谨记学生只是学习者，而且是和你不一样的学习者。你或许需要用不同的方法激发学生学习的积极性。

退一步，学会从学生的角度思考问题，可能会帮助你更好地依据他们的需求来设计教学。你或许需要从学生的兴趣出发，激发他们对于你所教学科的兴趣。你可能需要通过某些特别的途径来发现学生们的兴趣所在，比如问卷调查或者局部调研。

除了了解学生和你的同事团体，你可能还需要花时间认真了解你所在的学校本身。了解学校的各项设施，学校获得的各项荣誉以及其他可以帮助你融入其中的内容，让你尽快成为这个集体中的一部分。比如说，如果你的学校在当地的名气并不高，你就可能需要克服没有名气带来的影响，对你的学生和同事要更有信心。如果你所在的学校教舍陈旧，你就可能需要仔细思考在有限的条件下如何组织课堂活动。如果你所在的学校有很好的声誉以及悠久的历史，你可能需要更努力工作让自己符合那样的声誉。作为新老师，花时间认识学校对增进你和学校的关系是很有帮助的。

使用表1.4的模板可以帮助你更好地认识你的学校、学生以及你的工作团队。

表 1.4　帮助你了解学校、学生以及工作团队的问题

1. 你所在的学校是一个怎样的集体？这个集体的构成如何？
2. 你所在的学校对教育价值的定义是什么？这个定义如何影响学校的教学措施？有哪些证据可以支持你的观点？
3. 描述一下学生的背景。他们如何学习？什么样的活动可以激发他们学习？

同行以及同事

学习如何与同事打交道对一个新老师的成功至关重要。你需要和你的同事建立起相互合作，在专业上相互促进的关系。这种专业性的合作关系将有助你学到重要的专业知识以及对自己的工作更好地回顾反思，同时你也可以为你的同事带去一些好的点子和想法。你的许多同行和同事都拥有与学生以及与其他老师打交道的实际经验。这些经验感受对你是很有价值的。

在这部分，我们将讨论作为一名成长中的新老师，通过与岗培老师或者指导老师建立良好关系，来发展你自身。现在先让我们很快地了解一下这些会对新老师有很大帮助的人。

岗培老师

岗培老师应该属于入职培训的一部分——入职培训旨在帮助新

老师了解学校的各部门构成、校园氛围以及文化。 岗培老师主要从教育管理方面指导新老师，帮助他们了解如以下方面的内容：

▶学校以及学校各部门的政策和工作守则。

▶任课老师以及教学资源。

▶申请教学所需材料的规定。

▶登记成绩的规定。

▶学校关于消防、灾害防避、紧急封锁等方面的制度条例。

▶出勤制度以及校园的日常管理制度。

▶复印机的使用说明以及各建筑楼层说明等。

▶学校简介、课程指南以及其他信息。

指导老师

凡是在教学内容上为你提供帮助的人都可以称为"指导老师"。不同于岗培老师在管理方面的帮助，指导老师主要帮助新老师学习如何教学，如何引导学生学习。 指导老师通常提供有关课程方面的帮助。 内容包括：

▶数学教学的指导。

▶阅读教学的指导。

▶教学技巧的指导。

▶教学语言的指导。

指导老师主要指导你如何安排课程，如何指导学生学习以及如何授课，如何组织学生评估，等等。他们将在教学工作方面为你提供很多帮助。

不同的学校和地区对于岗培老师和指导老师的工作内容安排可能有所不同，所以他们的称谓也可能有所不同。

尽可能多地与岗培老师或者指导老师交流互动

既然你已经了解了岗培老师和指导老师之间的区别，现在就让我们来谈谈要如何尽可能多地和他们交流互动。如果你同时有岗培老师和指导老师，就应该好好考虑如何让他们来帮助你。你可以用表1.5和表1.6来帮助你梳理思路。

表1.5 计划向岗培老师了解学习的内容列表

说明：与岗培老师（或者愿意为你提供帮助的其他同事）交流前，请思考以下问题。		
1.你已经了解了哪些关于教育管理方面的内容？你还希望在哪些方面有更多了解？		
2.下面哪些内容是你已经了解的？哪些是你还不太了解的？		
	已经了解	还不太了解
·使用复印机	□	□
·获取教学需要的材料	□	□
·各楼层的布局安排	□	□

续表

• 如何申请代课老师	☐	☐
• 填写要求的各样文件	☐	☐
• 认识其他同事	☐	☐
• 其他想要了解的内容 _____	☐	☐
3.对于学校的各项制度你了解多少？还需要了解哪些？ 4.还有什么需要向岗培老师咨询的其他内容？		

表1.6　计划向指导老师了解学习的内容列表

说明：与指导老师（或者愿意为你提供帮助的其他同事）交流前，请思考以下问题。

1.课程的主要学习成果是什么？
2.对于学生的课程评估形式是什么？
3.课程教学的进度是如何规定的？
4.关于课程有哪些辅助资料？
5.最主要的课程教学方法是什么？
6.关于课程内容和教学方法等方面，你还需要了解什么？

同时你也需要谨记，别人的建议不一定都适合你的情况。俗话说"加点盐再吃"，就是说在某种程度上我们需要保持适当怀疑的态度，认真聆听别人建议的同时，也需要对那些建议有所思考，看看是否适合你的个性和情况。

职业道德和专业标准

教育这份职业需要有一定的专业标准和职业道德。教师需要有很高的个人修养以及专业技能。为此国家应该有相关的法律规定，而各级教育机构也应该设立相应的规范制度。表1.7就列举出一些国家教育协会（NEA；2015年）公布的教师职业道德规范。

表1.7 国家教育协会教师职业道规范（摘录）

规则一　对学生的责任

教育者要努力帮助学生发掘出他们的潜能，帮助他们成为对社会有价值、有创造性的人才。因此教育者要努力激发学生的好奇心，引导他们渴求知识，渴望学习，树立有价值、有意义的目标。

为了尽到对学生的责任，教育者——
1. 不能无理由地打断学生的学习进程。
2. 不能无理由地否定学生对于某个问题的看法和观点。
3. 不能故意诋毁或者窜改学生的学习成果。
4. 要尽力帮助学生避免陷入对学习、健康或者安全有害的状况中。
5. 不能故意让学生难堪或者贬低学生。
6. 不能因为种族、肤色、信仰、性别、国籍、婚姻状况、政治或者宗教派别、家庭、社会或文化背景、性取向等原因，歧视并排挤某些学生，剥夺某些学生应该有的权利，又或者因为以上原因而给予某些学生特别的照顾。
7. 不能利用教师身份牟取个人利益。
8. 除非有令人信服的原因或者法律许可，否则不能公开学生的学业结果。

续表

规则二　对教育的责任

教育是一份高标准的专业工作,需要获得大众的信任,对大众负责。

鉴于教育的质量将直接影响一个国家及其公民的素质,所以教育工作者应该尽全力提高个人的专业知识水平,凡事依据专业标准进行判断。国家应该创造条件吸引更多值得信赖的人来从事教育工作,努力避免出现不合格的教育行为。

为了达成对教育的责任,教育者——

1. 在申请教师职位时,不能在个人能力或者资历方面刻意做虚假陈述或者隐瞒某些事实。
2. 不能故意歪曲他人的专业资历。
3. 不能帮助那些在人格、知识水平以及其他相关方面有明显缺陷的人进入教育行业。
4. 不能为那些不符合教师岗位申请资格的申请人做不实的担保。
5. 不能帮助非教育工作者在未经许可的情况下授课。
6. 除非有令人信服的理由或者法律许可,否则不能公开在工作中获知的关于同事的信息。
7. 不能故意污蔑或者诽谤同事。
8. 不能接受任何礼金、礼物或者好处,这些会影响教师在工作中的决定或者行为。

这份教师职业道德规范集中讨论了两个方面的内容：教师对于学生的责任以及教师对于教育的责任。规范的第一部分讨论学生的差异性、学生的健康和安全、师生关系、学生学习等方面的内容。而规范的第二部分则主要讨论作为教师的职业道德，包括遵守保密协定，确保所教授知识的准确性，不利用职务之便牟取个人利益，等等。

在你看过国家教育协会教师职业道德规范之后，请回答以下问题。

1. 国家教育协会的教师职业规范有哪些主要内容？
2. 哪些是你以前就已经有所了解的？哪些是你这次阅读之后才知道的？
3. 你打算如何运用学习到的内容？

由国家教育协会颁布的教师道德规范是所有从事教育职业者的工作准则。请花时间认真阅读并学习这些规范，如果在你所属的州还有其他类似的规范的话，你也需要学习了解。花时间阅读并理解这些规范标准可以帮助你在日后工作中避免出现这方面的问题。

小结与反思

在这一章中，我们讨论了才开始做老师时，你需要考虑的几方面的问题。这些是关于教育职业的基础部分，了解它们可以帮助你在这份工作上有一个好的开始。其实,在人们开始从事教育工作之前,很少有人会想到这些方面。在你反思这一章的内容时,请思考以下问题。

▶反思自己作为老师的优势和不足为什么是重要的?在反思这些方面的内容时,有哪些可以用来帮助你获得成功?

▶如何使用可控范畴原则来帮助你提高工作效率?

▶教师职业道德规范主要包括哪些内容?这些规范为什么对你的工作很重要?

现在对于教学这份工作,你已经有所了解,接下来我们要开始谈谈如何具体开展工作。在第二章中,我们会为你们提供一些具体的方法和策略来帮助你正式开展第一学年的教学工作——一项充实又有意义的事业。

第二章　出师大捷

雅各布(Jacob)已经为五年级开学做好了准备。他认真布置好教室。当学生们来到时,雅各布站在教室门口,和他们一一打招呼,欢迎他们的到来。

其实,雅各布感觉早就已经认识这些学生了。这并不是他们第一次见面。早在夏天的时候,雅各布就给每位学生发了一封信,在信里他介绍了自己,并询问学生和他们的家长是否愿意在方便的时候提前到学校和他认识交流。大部分学生都接受了雅各布的邀请。除此之外,雅各布还从学生家长那里了解了很多关于学生的具体情况,比如他们的兴趣是什么,他们擅长什么,在哪方面可能还有所不足。

雅各布期盼和学生们愉快地度过第一天,因为他已经花时间做好充足的准备并开始和学生培养融洽的关系。

雅各布的准备远不止布置教室,备好课程,或者写下和学生们见面时要说的话这么简单。他还花时间去了解学生们的家庭。一一个好的开始对于新老师的成功至关重要。大家都听说过这样的话："第一印象只可能发生在第一次见面时。"这一点在教育中是尤其重要的。

我们在这一章里提到的各种方法将帮助你成功开始你在第一学年的工作。这些方法可以帮助你为你的学生留下一个好的第一印象。

在教室留出一个可以活动的空间

要成为一名成功的新老师,学会合理安排教室空间是很重要的。有的时候,教室的布局受限于教室的大小以及教室里桌椅板凳的摆放。所以或多或少不能随你所愿地想怎样布置就怎样布置。但是即便如此,你还是拥有一定自由发挥的空间,在某些方面可以按照自己希望的那样布置教室。

在布置教室的时候,你需要考虑以下方面的内容。

▶你个人常用的教学方式和方法。

▶在你的课堂上学生需要完成的课题以及学习方式。

▶学生和你需要在教室完成的活动数量以及形式。

▶如何方便学生安全并且快速地进出教室。

▶学生的座位和学习用具(如铅笔刀、电脑或写字板、实验器材等)收纳处的距离。

▶电脑、幻灯机以及其他电子设备与电源插座的距离。

▶窗户、暖气以及空调的位置，或者还有其他一些会特别发热或者发冷的设备。

▶你和学生可以开展小组学习的地方。

▶学习中心的设置，要考虑方便大家相互走动。

▶讲桌的位置，要考虑方便学生到达。

▶学生们交作业的地方，也需要考虑方便学生到达。

▶那些固定的或者可移动的家具的摆放位置。

▶一个安静的角落可以方便学生休息、阅读或者进行小组学习。

▶一些应急或者可变通的出口，方便学生们在紧急情况下顺利离开教室。

下面让我们来看一些常规的教室布局方式，看看它们各自的优点和缺点。

传统的教室，又叫作看台式布局

这是一种传统的教室布局。学生们一排排就座，老师在教室最前面授课，如图 2.1 的展示。

如果课堂上的大部分时间都是老师在讲授，那这样的教室布局比较适合。这种布局适合个人独立学习，但不方便学生间的相互交流，所以有助于学生认真听讲，也便于老师管理课堂纪律。 座位与座位间留有通道便于学生走动。

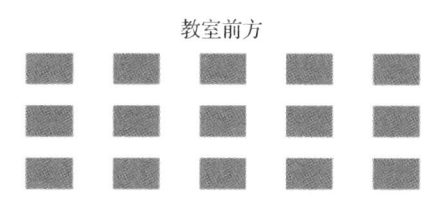

教室前方

图 2.1 传统的教室布局

然而这种教室布局不利于学生相互间的合作学习或者是小组学习。 坐在后排的学生容易走神，或者不能完全集中注意力，而且他们离老师和黑板都太远，不容易看清楚黑板上的内容或者听清楚老师讲的话。

知识讲授型的老师喜欢这样的教室布局，他们在教学中会经常使用幻灯机或者交互式白板，大多数时间他们要求学生独立学习。

半月形或者马蹄形教室布局

在半月形或者马蹄形教室布局中，学生们围绕一个中心就座。老师可以在中心教学或者围绕座位边缘教学，但是关注点始终在教室的中央，如图 2.2 展示的布局。

教室前方　　　　　教室前方

半月形布局　　　　马蹄形布局

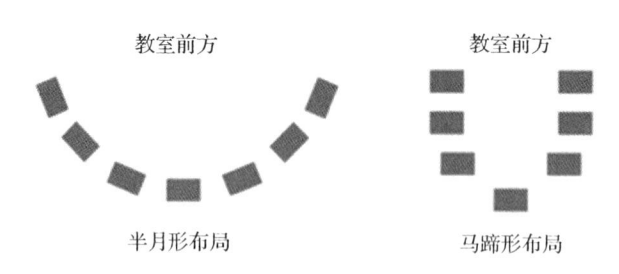

图 2.2　半月形和马蹄形的教室布局

在半月形或者马蹄形布局的教室，学生可以更靠近教室前方（或者说更靠近老师的教学中心）。大多数老师都选择站在马蹄形的中间讲课，这样他们和每个学生的距离都是相同的。也有一些老师在马蹄形里面或者外面交替走动着授课，这样他们可以更加接近每个学生。因为在这样的教室布局中，学生和学生之间比较靠近，所以方便开展小组讨论、相互学习以及辩论等。学生们不需要移动座位就可以和彼此讨论。对于老师而言也比较方便走近学生，因为每个学生都离老师不远。

但不幸的是在半月形或者马蹄形布局的教室里，永远都有一部分学生是老师看不见的。这让老师很难从教室后面监控学生，而在这方面，传统教室或者看台式布局的教室布局更具优势。而且半月形或者马蹄形的教室布局也很容易让学生走神，彼此讲话，因为他们离得实在太近了。

如果你在讲课时喜欢先讲一些知识点然后让学生分组讨论，半月形或者马蹄形布局的教室就比较合适。它很方便你在教室走动，在学生们讨论时进行个别指导。

圆形或者椭圆形布局

在圆形或者椭圆形布局的教室，学生们以一个中心点围坐成一个圈，老师站在中间讲课，如图 2.3 展示的布局。

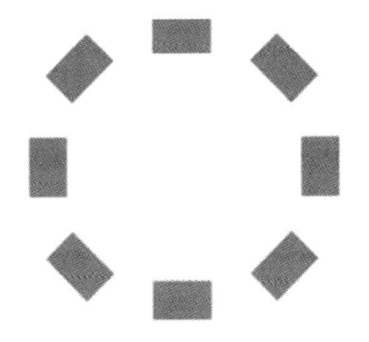

图 2.3　圆形或者椭圆形的教室布局

在圆形或者椭圆形布局的教室，所有的学生都离老师的教学中心很近（如果老师站在圆中心讲课的话），而且这样的布局很方便学生小组讨论、相互学习以及辩论等；同时，它也方便老师将学生分成两个小组，就某个问题的不同方面分别讨论学习或者开展正方反方辩论。这样的布局很方便学生开展小组合作学习，老师也可以走近学生指导他们的学习。

但是，圆形或者椭圆形的教室布局容易让学生走神，相互讲话。

如果你不经常在教室前面讲课，那这样的教室布局就很合适。而且如果你经常使用笔记本或者写字板授课，这样的布局也比较适用，因为学生们不需要看教室前方的黑板。另外，那些喜欢在讲完知识点后让学生们分组讨论的老师们也觉得这样的布局更为方便。

零星小组的教室布局

在以零星小组布局的教室，学生们被分成更小的小组就座。如图 2.4 展示的布局。

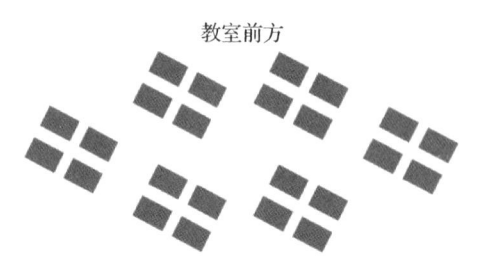

图 2.4 零星小组的教室布局

这种教室布局，很方便开展小组活动。学生们被分成很小的小组，如果有必要还可以划成更小的小组。又因为课桌或者座位都是连在一起的，所以这样的布局能更有效地使用教室空间。通过小组与小组的间隙，老师可以很轻松自如地在教室走动，管理学生行为，在学生需要时及时给予帮助或进行个别讲解辅导。

但是，这样的布局也有局限。比如学生们总是分小组坐在一起，这对于教室管理可能是一个挑战。学生们要么彼此讲话太多，要么因为彼此不和而出现一些矛盾。如果你在安排小组座位的时候有仔细思考学生和学生之间的关系，那么可能可以适当缓解这样的问题。但是这样的布局还有另一个局限，那就是总有一些学生在你讲课时，是背对着你的。

这种零星小组式的布局适合那些讲解知识点很少的老师，相反他们经常要求学生讨论，要求学生多发表自己的观点。这样的座位安排适合学生的合作学习、小组互动或者其他一些要求结伴完成的学习任务。这种布局更适合使用智能白板以及笔记本和写字板授课（这样，学生们只需要专注他们的设备而不需要抬头看前方黑板）。

设计教室布局

你可以使用表 2.1 来帮助你设计教室布局，无论你选择哪种布局，它一定要适合你的教学方式，满足学生学习的需要。

表 2.1 教室布局设计计划表

说明:根据你的教学方式以及学生的需要,回答下面的问题来帮助你决定采用哪种教室布局更适合。一旦回答完这些问题,你就可以试着画一张你的教室布局图。
1.在讲课时,你打算采用哪种方式授课？写下在一周时间里,你可能使用的不同教学方法的百分比。根据这个数据选择教室布局方案。这个方案一定要适合你在教学时最常使用的教学方法。 　　_____讲解、陈述 　　_____小组活动、讨论、辩论 　　_____需要学生单独完成的作业和任务 　　_____简短的陈述以及笔记记录 　　_____使用设备(笔记本、写字板等)的大组陈述 　　_____其他
2.学生的课堂表现如何？学生在课堂上独自学习或者小组学习时,有没有出现过什么问题？这一点新老师们可能比较难判断。但是你可以回想开学前和学生们打交道的各种经验体会或者你也可以咨询一下你的同事或者岗培老师。如果对于学生的课堂表现你确实无法把握,那在第一学期的时候就选择一个学生相互影响最小的教室布局方式(比如看台式布局)。
3.画一张教室布局的草图。
4.重新思考你的教室布局草图。在实施这个布局的时候有没有什么困难？为了发挥这个布局的优势,你需要预防或者提前解决什么样的问题？

即便对于教室的布局你已经考虑了很多，但是在开学后的几周最好还是多花一些时间观察评估一下你使用的教室布局效果如何。在遇到一些预料之外的问题时，你需要根据实际情况做出具体的调整。通过调整，才能最大限度地发挥这个布局的有效性，更方便学生在教室内的各种活动。大多数班级管理的问题说到底其实就是教室布局不当引起的。有的时候，移动一下教室的桌椅就能让学生感觉更方便自在，甚至还无意间解决了一些班级问题，而那些问题往往被误以为是学生的行为问题。在你调整改进教室布局时请谨记这一点。

向学生和学生家长介绍自己

对于学生而言，你作为他们的老师是相当重要的。因为你将在一段很长的时间里陪伴他们一起学习。所以认识学生，认识学生的家庭，了解他们如何学习，对什么感兴趣以及其他一些关于学生的重要信息是很关键的。你的学生可能来自不同的家庭。在你和他们建立关系之前最好对他们的家庭背景有所了解。在这一节中，我们将谈到和学生相关的一些人，比如学生的父母、亲人或者监护人。不管学生的主要监护人是谁，这一节里面介绍的方法都可以用来与他们交流。

成长中的新老师会努力和学生、学生的父母、监护人或亲人建立良好的关系。在学年开始之前，你可以给学生和学生家长写一封信，向他们介绍你自己，让他们了解关于你的一些基本情况。

写给学生家长和学生亲人的信

如果你是小学老师，那你需要向学生家长或者家人介绍一些关于你个人的基本情况，告诉他们学生在学校需要学习的内容，让他们知道你很高兴成为他们孩子的老师。你还可以告诉家长，他们可以如何配合你一起教育孩子。小学生的家长们最想知道的就是他们的孩子在校是否安全，老师是否喜欢他们的孩子——换句话说也就是老师是否关注自己的孩子。老师必须让家长们感受到他对于孩子们的关心是"切实的"——也就是他关心孩子本身，而不仅仅只关注他们的学习。你要让家长们看到你将学生放在心上，凡事以学生为中心。有句老话说："人们在乎你的心，胜过你的才。"这句话用在这里很能说明问题。而且对于低年级学生家长，这点尤其重要，所以应该反映在你的介绍信里面。

对于二年级的学生，你除了需要告诉学生家长一些你的个人信息之外，还可以告诉他们学生需要学习的内容以及你对于学生的期望，让他们了解你将怎样评估学生，在指导学生学习时会为学生提供哪些方面的帮助。但凡是父母就没有不喜欢自家孩子的，所以你最好表现出很高兴成为这些孩子们的老师，这一点很重要，因为家长们知道只有充满爱的老师才能和学生们建立起真正好的关系。他们希望看到你热爱自己的工作并且始终将学生的利益放在心上。

在你第一次与家长们见面的时候,有必要让家长们知道你非常渴望让学校和学生家庭保持通畅的联系。你还可以向家长们介绍一些经验,告诉他们在家的时候可以怎样帮助孩子们学习,如何与学校保持联系,请他们将那些他们认为可能对学生学习有帮助的信息及时告知你,你也可以鼓励家长们在学年过程中随时向你咨询学生情况,这样家长们也能参与到学生的教育中。如果你希望家长们告诉你一些关于他们孩子的信息,那么你可以在写给家长们的书信中给予一些提示,比如问问他们孩子们的长处和不足,让他们谈谈自己的孩子学习得最好的学科是什么,以及自己的孩子对什么特别感兴趣。这封信是你与家长们的第一次接触,所以请努力在各个方面给家长们留下一个好印象。表 2.2 就是一封写给家长们的书信范文。

表 2.2　写给家长和监护人的书信范文(一)

亲爱的安德森先生和太太: 　　欢迎来到五年级!我非常期待见到您和您太太以及你们的孩子,期待和你们一起帮助孩子获得成功。作为父母以及孩子的监护人,我明白你们是孩子生活中最重要的老师。为了在五年级的学习中帮助孩子达成既定的目标,你们和我都需要给予他很大的帮助。为此我提前给你们的孩子写了一封信,同时也想借此机会向你们做个简短的自我介绍,希望你们可以对我有进一步的了解。

续表

  我毕业于爱荷华州立大学，获得基础教育学专业本科学位，然后在亚利桑那州立大学获得教育硕士学位。目前在肯尼迪小学任教，虽然我是这里的新老师，但其实我在实习期已经教过二年级和四年级的孩子。

  我会教你们的孩子阅读、写作、语言、拼写、科学以及社会学科。正如我在给孩子们的信中提到的，我热爱自己教授的每个学科，而且我更希望我的学生们也能热爱上阅读与写作。我对自己以及我的学生们充满希望。因为我知道高期望是获得成功的重要因素！我希望在这一学年里学生们都能过得愉快，充满勇气，敢于挑战，收获满满。

  除了介绍我自己的一些情况之外，我也希望可以在学年开始之前，更多地了解我的学生们。所以我想邀请所有家长写一封回信给我，介绍一下你们的孩子。在信中，你们可以谈谈以下几个方面的内容：

- 孩子的兴趣。
- 孩子擅长的2~3个方面。
- 你们认为孩子学得最好的学科。
- 其他一些你们认为对于我这一年的教学工作有帮助的信息。

  这封信可以打印也可以手写，你们方便的方式即可。随信我还附上了一个写好地址、贴好邮票的信封，方便你们回信。请在8月27日前寄回，谢谢！

  我会从你们的回信开始了解你们的孩子，安排开始几天的教学活动。我不会和其他老师或者你们的孩子谈论信里的内容（除非你们希望我那样做）。

续表

除了这封信以外,如果你们还有其他的问题,也请随时联系我。家庭和学校的良好交流沟通是帮助孩子成功的重要方面。如果你们有任何问题或者其他事情,或者你们想参观我们的教室,想和我安排一次谈话,想为班级做自愿服务,都请电话联系,学校的电话号码在信的抬头处,分机号码是32。 再一次欢迎大家来到五年级！我相信我们一起努力一定能让这一学年成为很棒的一年。 　　此致 敬礼 　　　　　　　　　　　　　　　　　　　　　　　　　　　　佩德森老师

在表2.2的书信范文中,这位老师言简意赅,很明确地向家长们传达了讯息。对于希望家长写的回信,她也提供了具体说明和希望家长回信的理由依据。因为家长们还不认识老师,所以有必要让家长知道他们的回信内容只是用于帮助自己设计课堂,不会被告知给其他人。

表2.3是另外一封写给家长的书信范文,你们可以发现不同的老师有不同的写信方式。而且这封信显得更简洁。

表 2.3　给家长和监护人的书信范文(二)

亲爱的家长们：

　　我写这封信是为了邀请各位一起参与孩子的教育。虽然我和孩子们相处的时间不是很长,但我希望这段共处的时光可以成为大家的一段长久的美好记忆。

　　我知道教学首先是要让学生在教室里感觉自在,为学生营造一个学习的良好氛围。这个班级是由教室里的每一个人组成的,这里的每个人都有自己的学习方式、兴趣、习惯、期望以及梦想。

　　不知道你们是否愿意腾出一些时间告诉我关于你们孩子的一些情况呢?孩子是什么样的个性?他们喜欢什么?有什么爱好?你们作为家长对于孩子的认识对我是很重要的信息资源,我希望可以多了解你们孩子的想法以及他们的兴趣所在。你们认为自己的孩子是怎样的学生,怎样的一个孩子呢?我随信附上了一个信封,请在 8 月 30 日(周五)前回信给我。

　　非常感谢你们的配合。我期望自己能成为孩子们学习路上一个好的陪伴者。

　　再次感谢!

威尔逊老师

　　你或许还希望通过这封书信告知家长未来关于家长见面会的安排(如表 2.4)。 那么请清楚说明并切实执行,争取发挥好的效果。你可以通过家长见面会向家长们介绍你的工作计划并获得他们的支持,甚至你还可以邀请家长配合监督学生在家的学习情况,看看他们是否完成老师布置的学习内容。

表 2.4　老师和家长见面会的安排范例

本学期,我计划在以下时候安排与家长们见面:
- 需要介绍学生学习新知识的情况时。
- 需要告知家长学生在校学习总体情况时,至少每半学期一次。
- 发现学生在校行为表现有异常时。
- 当学生和我谈到有事情让他们烦恼时。
- 当我感觉有情况需要告知家长的时候或者当需要学校和家庭共同解决一些问题和情况的时候。

作为孩子的父母,当你们有以下需求时请主动联系我:
- 希望了解孩子在校情况时。
- 希望确认孩子从学校带回的消息单或者作业单时。
- 孩子回家告诉你们一些关于班级或者学校存在的一些问题时。
- 你们觉得有必要和我交流或者当你们觉得有一些问题和情况需要和我一起处理的时候。

通过和家长长期的交流,老师们可以更清楚地知道学生的需求以及学生的家庭状况,这样就可以更了解学生。除此之外,良好的沟通也可以帮助一些事情在恶化之前就得以解决。在你联系家长的时候,可以让家长们感觉自己也真正参与到学生的教育中,而且还是其中重要的一部分。所有这些都将帮助你做好工作并保持工作热情。

写给学生的信

我们已经花时间讨论了在学年开始前寄信给学生家长和监护人的重要性。其实和学生的交流也很重要。交流的方法可以是寄给他们一张明信片或者给他们写一封介绍你自己的信,告诉他们你很高兴成为他们的老师。学生们喜欢收到老师的来信,尤其是从新老师那里。你可以适当地向学生们介绍一下你自己。所有的学生都希望了解他们的老师,老师是哪里人,是否养宠物,结婚了吗,有孩子吗,老师最喜欢的科目是什么,有什么兴趣爱好,等等。

还有一种交流方式是除了你在开学前给学生们写信介绍你自己之外,还可以要求他们给你写一封回信。给每个学生寄去一个写好地址、贴好邮票的信封,以便他们给你寄回信。学生们的回信将帮助你了解他们的性格,同时也可以帮助你了解他们的写作水平。一旦收到回信,你就可以根据他们的兴趣爱好、喜欢读的书,以及他们的家庭情况布置你的教室。表 2.5 和表 2.6 都是写给学生的书信范文。

表 2.5　写给小学生的书信范文

亲爱的卡洛斯：

你好！我是卡尔松老师，是你即将就读的威尔逊小学二年级的老师。我很高兴你今年将成为我班上的学生！

我非常期待你的到来，和你一起学习。我相信你一定会喜欢二年级的学习生活。

我和我丈夫就住在学校附近，我们有4个孩子，3个男孩儿和1个女孩儿。他们分别是15岁、13岁、10岁和8岁。我们还有一只叫蒙蒂（Monty）的金毛寻回犬。我和我的家人非常喜欢露营、徒步和游泳，我们还一起做各种运动。我个人比较喜欢阅读、写作以及锻炼。

期待在新学期见到你。

你的老师卡尔松

8月10日

表 2.6　写给学生并请求回信的书信范文

亲爱的布丽安娜：

你好！我是洛纳塔老师。我今年将成为你在安德森小学六年级的老师。我非常期盼见到你，和你一起学习。

现在让我简单介绍一下我自己。我不久前从富勒顿的加州州立大学毕业。我喜欢徒步运动和露营。我有一条黑色的拉布拉多寻回犬叫作雷克斯（Rex），它也喜欢徒步。我们刚刚才从大峡谷露营回来。在开学之后，我很乐

续表

意和你分享这次旅行中的一些趣事。

　　对于即将到来的新学年我感到很兴奋,因为我准备了很多有趣、好玩儿的活动。我希望你们能在活动中学习。相信你一定会喜欢那些活动的,并且会发现它们很有助于你的学习!

　　在新学年开始之前,我也希望可以了解多一些关于你的情况。请回答这封信后面的一些问题,并在 8 月 20 日之前寄回给我。我会根据你回答的内容安排第一周的活动内容。

　　非常感谢!

洛纳塔老师

请在这里写下你的名字:＿＿＿＿＿＿＿＿＿＿＿＿＿
在学校你最喜欢的学科是什么?

＿＿＿＿＿＿＿＿＿＿＿＿＿＿＿＿＿＿＿＿＿＿＿＿

＿＿＿＿＿＿＿＿＿＿＿＿＿＿＿＿＿＿＿＿＿＿＿＿

你喜欢读哪一类型的书?

＿＿＿＿＿＿＿＿＿＿＿＿＿＿＿＿＿＿＿＿＿＿＿＿

＿＿＿＿＿＿＿＿＿＿＿＿＿＿＿＿＿＿＿＿＿＿＿＿

续表

在闲暇时间，你喜欢做什么？
关于我，你有什么问题想问？你还希望了解关于我的其他什么事情呢？（在开学第一天的时候我会回答其中一些问题）
感谢你花时间给我回信。期待在8月27日，开学第一天见到你。

　　第一封书信比较简短，但是很清楚地为我们示范出如何帮助学生在开学第一天感觉更适应。另一封由洛纳塔老师写的书信也同样清晰明了，要求的回答也不复杂。为了帮助学生们回信更方便，洛纳塔老师还附上了一个写好地址、贴好邮票的信封。过了一段时间后，他还联系了那些没有回信的学生。有的老师还采用一些方法激励学生回信，比如在开学第一天给写了回信的同学以奖励。

　　尽管在中学（高中、初中），班上的学生可能会多些，但是让学生提前认识你仍然是很重要的。除了给学生写信这种方式之外，中学老师还可以给学生提供你的个人网页。表2.7就是一张写给中学生的明信片。

表2.7 写给中学生的卡片范文

亲爱的阿什利:

　　我是罗德里格斯老师,今年我将成为你八年级的老师。我很高兴能够成为你的老师,也因为新学期的到来而感觉兴奋。

　　我们可以一起计划一些很棒的活动,所以我建了一个个人网页,你可以浏览我的网页以了解我的个人情况以及这学期我们需要完成的学习任务。我的网址是 www.mrrodriguezsclass.edu.cn,欢迎随时访问。同时,我也希望有机会在开学前见见你和你的家长。在网页上,我发布了一个见面的时间安排表。请在列表上预定一个见面的时间。

　　期待见到你!

罗德里格斯老师

教师的个人网页

老师可以利用他们的个人网页向学生们介绍自己以及自己教授的学科,同时也可以帮助学生以及学生家长随时了解学生的学习内容安排、家庭作业、各项通知等。老师的个人网页应该具有以下特点:

▶清晰:教师的个人网页应该布局紧凑,便于阅读,版面不要太复杂,应该便于浏览。

▶信息准确:网页发布的信息必须准确,方便点击,这对于学生和学生家长都很重要。

▶方便学生和家长搜索：可以提供包括日历、语言翻译或者其他有用站点的链接。

▶有吸引力的专业设计：教师个人网页的设计应该色彩丰富，具有吸引力，而且还应该有一定的专业性。

这些只是在建立你的个人网页时需要考虑的内容。如果你希望组建班级网页，那么你还需要和你的校长谈谈，咨询一下学校技术部的老师、你的岗培老师或者其他有经验的同事，他们可以帮助你找到一些有趣的点子。

学年开始时的一些互动活动

在这一节中，我们将介绍一些大多数学校在开学时为学生家庭举办的活动。这些互动活动将是你为学生父母或者监护人留下一个好印象的绝好机会。但是请谨记，你所在的学校可能不会组织我们列举的所有活动，或者有的活动会有不同的名字。我们之所以列出所有可能举行的活动，是为了帮助你做好万全的准备，不管你所在的学校开展哪种活动，你都知道可以做些什么。

开放日

　　许多学校都会组织安排一个比较传统的互动活动——开放日。有的学校把这个活动安排在开学之前,而有的学校则安排在开学后的第一周。有的开放日不仅向家长和学生家人开放,也邀请学生参加,但有的则只是邀请大人们参加。无论有谁参加,在开展这样的活动时,老师们都可以把握机会见见学生家长或者学生的监护人,也可以让他们了解你。家长和学生家人也可以通过开放日了解新学期的各项安排。为了有一个成功的开放日,你可能需要提前做些准备。

准备欢迎材料

　　在举行开放日的时候,你需要欢迎家长或者学生监护人的到来,让他们感觉自己是被重视的。大多数老师采用的一种方法是在学生的桌上放一封欢迎信。在这封信里,你可以向家长们介绍他们在开放日活动中将要了解的内容。大多数时候这些信都是由老师写给家长们的。在写这样的欢迎信时,首先需要写下一段简短的欢迎词,表达你对于即将开始的新学期的展望以及班级信息的介绍。你还可以为家长们发放一些收集学生资料的表格,请他们填完后交回到办公室,比如家长联系方式,学生有无重症疾病的登记表,你还可以准备一份家长志愿者服务的申请表,那些愿意协助学校组织学生旅游的家长可以填写的申请表，以及其他一些你和学校认为有必要收集的关于学生家长和学生家庭信息的表格。准备好托盘或者篮筐，方便家长将填好的表格交回。另外准备一个信息文件袋让家长们可以带回家，里面的内容可以是你的课程安排，印有你的联系方式的名片（或者印有学校信息的冰箱贴），孩子们在这个年级需要阅读的书单（主要针对小学生），或者其他一些你认为家长们需要知道的信息。

信息文件袋的方法可能对于小学班级更有效，因为小学班级里的学生一般比较固定，而且通常由一位老师负责。而在高年级，学生不固定在某个老师的班，他们会分别去某个老师负责的教室或者某个教员负责的实验室上课。

设计学生与家长或者监护人可以一起参与的活动

在开放日那天你可以安排一些活动，增进与学生家长和学生交流，并帮助他们更多地了解学校。比如你可以为学生家长或者他们的家人发一张信纸，邀请他们给自己的孩子写一封信（在那些只针对家长的开放日活动中，一般都会安排这项活动）。父母写好信，并把信留在孩子的座位上，等到第二天孩子们到校时马上就可以看见。学生们喜欢读这样的信，因为通过读信他们可以了解父母对于自己，对于自己的教室，以及即将到来的新学年的看法。这个活动看起来好像只有小学生感兴趣，但其实在中学学生中也很受欢迎，中学生们也喜欢收到来自父母的信。在中学，父母们可以把写好的信或者便签放在学生的储物柜里。

如果开放日的活动邀请父母和学生一同参加,那你可以设计一个类似寻宝的活动,要求学生和学生家长一起按照一定的指示要求找到学校和教室。表2.8就是一个简单的寻宝活动安排,设计了不同的有意思的项目,帮助学生和学生家长更好地了解教室和学校。

在表2.8中有一项活动是为学生以及学生父母或者监护人拍照(由学校志愿者在开放日晚上拍)。以后在展示栏里介绍每个学生的时候就可以用上这些照片。另外就是要求父母和孩子一起去探索发现教室里的各种设施设备,比如阅读角、数学角以及图书阅览角。他们还可以在校园里来一趟巡游,找找休息室、办公室、图书室、体育馆、餐厅、音乐教室、美术教室是以及这一学年他们准备选修的科目的教室在哪里等。这样的寻宝活动可以帮助学生熟悉校园环境从而感觉更自在,而学生家长也可以通过这样的活动全方位了解校园布局。

表2.8 寻宝列表范例

说明:欢迎!这是一个寻宝活动的安排,希望通过这个活动帮助大家更多地了解我们的教室以及学校,下面的一些地点可能是你们的孩子在开学后的活动地点。请花几分钟完成表格中列出的活动,尽可能多地找到表上列出的地方。|				
和孩子在校园某个地方照一张合照	去看看阅读角	去看看数学角	找到以下学习用品:订书机、胶带和铅笔刀	找到上交作业的地方

续表

找到休息室	找到图书室	找到食堂	找到运动馆或者其他运动区域	找到美术教室
找到计算机教室	找到音乐教室	找到办公室	找到校长室	找到学校秘书室
找到科学实验室	找到乐队教室	找到管弦乐队教室	找到医务室	找到操场以及休息的场所

在你设计寻宝活动的时候，请谨记一定让学生父母也积极参与进来，让他们更多地了解你是怎样的老师，以及学生教室有哪些设施。

家长咨询日

一些学校安排的活动可能和开放日不同。有的被叫作家长咨询日。这种活动可能比开放日更正式，它主要包括关于教室的具体介绍以及关于课程安排的介绍。在某些家长咨询日活动中，学校会为家长们提供机会参与一天学生的校园生活。在接下来的部分，我们将介绍这种着重信息交流的咨询日活动。首先，老师需要花大概一个小时的时间为家长们介绍相关信息。如果你正为这样一个正式的咨询日活动做准备，我们建议你可以考虑为家长们提供以下信息：

▶一段欢迎词和一份自我介绍，谈谈你的个人情况和兴趣爱好等。

▶你的个人网页，以及如何浏览网页获得相关信息。

▶和家长们一起浏览基本的班级规范。

▶介绍学生在校的日常活动安排。

▶学校为学生提供哪些必要的学习用品和材料。

▶你对于学生课程方面的要求和期望。

▶家庭作业的交收示范和相关规定。

▶对学生的评分方式以及规则。

▶学生应当遵守的行为规范和准则。

▶家长如何获取学生成绩。

▶家长如何参加学校的自愿活动。

▶家长如何联系老师。

▶在上课期间家长如何联系学生。

▶关于学生手机的使用规则。

▶学生可参与的校园活动介绍（学校俱乐部、运动、课程辅导活动等）。

▶学生获得学业辅助的途径。

▶关于学生野外旅行的信息，包括交通（汽车）、午餐选择、行程安排以及其他重要的信息。

▶关于课堂的其他重要规定（包括你的教学方法、评估方式、安全事项，在教室使用电子设备的规定，等等）

在介绍完以上内容之后，请确保留出时间让家长们提问或者和家长们进行互动交流。

如果举行的是开放日的活动，那么可以为父母或者学生监护人另外安排一个信息咨询夜的活动，这样会更好。现在让我们来看看新老师君（Jun）是如何安排她的家长咨询日活动的。

君是新的高中科学老师，她正在为家长咨询日做准备。她希望告知家长们一些关于班级纪律以及课程进度安排的相关信息，这样家长就可以清楚地了解她对班级的要求以及她的授课方式，家长们也可以了解如何通过班级网页与她交流；同时，她还准备告知家长有关这一年学生学习的其他重要信息。她希望利用这个咨询日的机会建立起和家长之间的彼此信任。于是她在准备家长咨询日活动时写了一个议程表（参见表2.9）。君老师在家长咨询日活动中用了大约55分钟来介绍各种信息。在整个活动结束前，她留了大概10分钟的时间和家长互动交流，有些家长与她谈到了关于自己孩子的一些事情，有的问了一些更具体的问题。在资料准备方面，君老师为家长们提供了问题卡。家长们可以在问题卡上写下他们在咨询日活动中没有来得及提出的问题，这样君老师可以在晚些时候再回复。她打算通过电子邮件或者电话回复问题卡的大部分问题。回复这些问题也可以帮助君老师和家长建立信任。

表 2.9　家长咨询日的备忘录范例

家长咨询日的目标: 帮助家长们了解我在课堂上使用的最主要的教学方法以及我的课程进度安排。让家长们清楚我的教学内容安排,就学生问题他们可以通过什么方法与我交流。我将利用这次机会和家长建立起对彼此的信任。

议程列表	时间安排	方式
1.自我介绍,介绍自己的教育背景。	5分钟	陈述
2.分享教学程序以及设备。	5分钟	宣传单以及陈述
3.为家长们展示如何在网上获得学生成绩。	5分钟	多功能白板
4.为家长展示学校以及班级网页,并为他们演示如何通过网页获取信息。	5分钟	多功能白板和幻灯机
5.列出指定单元的学习内容。	5分钟	单元学习大纲
6.与家长们讨论信息交流的最便捷方式(家长们希望通过什么途径获得信息)。	5分钟	宣传单
7.告知家长如何与我联系。	5分钟	宣传单
8.回答家长的提问。	5分钟	开放式讨论

续表

| 9.与家长们互动谈话。 | 10分钟 | 互动谈话,家长们可以参观教室设备或者填写问题卡 |

需要的材料以及设备:教育大纲的介绍宣传单,课程安排以及教室纪律的介绍宣传单,介绍如何获取学生成绩的PPT,多功能白板以及电脑,问题卡片。

新生大会

在组织与家长或者学生监护人的交流活动中,有的学校采用另外一种叫作新生大会的形式。新生大会与开放日和家长咨询日不同,在新生大会上老师是听众,主要由家长们来谈论孩子的情况。新生大会通常在开学前或者开学后一个月前后举行。

对于老师们来说,新生大会是了解学生和学生家庭的绝好机会。为了让这个大会发挥最大作用,老师们最好提前思考希望通过大会获得哪些信息。现在让我们来看看下面这位新老师是如何利用新生大会这个机会了解学生和学生家庭的。

贾斯廷是二年级的新老师,他正为新学年的教学工作做准备。在准备过程中,他问自己以下问题:

- 为了做好这学期的教学工作,我需要了解哪些关于学生的信息?

- 对于学生而言,什么是最好的学习方法?
- 在夏天放假时,有没有发生什么事情会影响学生在这学期的学习?
- 家长们在养育孩子的过程中,有没有哪些经验可以帮助我做好学生们的老师?

幸运的是,贾斯廷所在的学校安排了类似新生大会的活动,叫作"早起的鸟儿聚会"。这个活动被安排在开学前,在这个活动中,老师们要获取学生的信息;而仅仅是向家长介绍学校的情况(那通常是我们在家长咨询日活动中做的)。

早起的鸟儿聚会帮助贾斯廷了解了更多关于学生的信息,那些他在为开学做准备时对于学生的疑问,可以在聚会中向家长或者学生监护人提出来。他决定把问题做成一个小册子提前寄给家长们,这样在活动中家长或者学生监护人就可以针对他的问题做介绍。

因为提前将问题发给家长,贾斯廷发现他获得了很多关于学生的重要信息。而这些信息更好地帮助他了解学生,对于学生的学习需求和行为表现提前有了认识。

表2.10就是贾斯廷准备在早起的鸟儿聚会上向家长们提出的问题。

表 2.10　新生大会的问题范例

说明:请在早起的鸟儿聚会期间谈谈您对于以下问题的想法。您的回答只用于我的工作需要,帮助我在这个新学期做好学生们的老师。
1.您的孩子在空闲时间都喜欢做什么? 2.您的孩子正在读的书是什么?她/他最喜欢的书是什么? 3.您的孩子最擅长什么科目?以前的老师有哪些教学方法比较适合您的孩子? 4.您的孩子不喜欢做什么样的任务?有什么方法可以帮助他们完成那些他们不喜欢的任务? 5.您觉得还有哪些信息可以帮助我在接下来的这一年里和您的孩子更友好地相处? 非常感谢您花时间帮助我了解您的孩子。希望我们能一起度过愉快的一年!

但是贾斯廷准备的问题只是很小的一部分,还有很多问题是老师们可以问的。下面我们列出了一个问题清单。

▶您的孩子在空闲时间都喜欢做什么?

▶您的孩子在学校最喜欢什么科目?

▶上学时,您的孩子和哪些人比较要好?

▶您感觉您的孩子完成什么样的任务最棒?

▶您的孩子喜欢独自完成任务还是喜欢团队合作?

▶您的孩子喜欢读哪些书?

▶您的孩子有什么样的兴趣爱好?

▶您的孩子最喜欢的游戏是什么?

▶对于即将到来的一年,您对您的孩子有什么目标要求?

▶在接下来的一年，在数学和阅读学科上，您对您的孩子有什么要求和期盼？

▶以前的老师有哪些教学方法对您的孩子比较适合？

▶您的孩子对学习研究和学习任务的处理能力如何？

新生大会对于新老师有很大的好处。如果你的学校没有安排类似的活动，建议你自己可以按照以下方法组织安排一次。

▶和你的校长谈谈你的这个想法。获得她／他的一些建议和意见。

▶和你的岗培老师或者指导老师谈谈。听听她／他的建议和意见。

▶在开学前找时间见见学生家长或者监护人。征询他们的意见，看看学生父母或者监护人在什么时间（早上、下午或者晚上）到校更方便。同时你也需要考虑自己的方便以及安全。比如，如果你准备在正常的工作时间之外见家长，那就请确保那个时候有其他老师在附近。你需要为每次会面留出大约 30 分钟的时间。

▶写一封信介绍有关新生大会的程序，请家长提前准备问题的答案，在准备好以后家长可以主动联系你，以便安排会面的时间。表 2.11 就是一封告知家长有关新生大会相关内容的书信范文。

表 2.11 向家长们介绍新生大会的书信范文

亲爱的家长们：

　　我非常高兴成为您的孩子的老师，为了让学生们这一年在我的课堂上能够过得愉快，我需要家长们为我介绍一些关于您孩子的重要信息。

　　在 9 月 15 日那一周，我会安排时间和每位家长或者监护人见面交流，了解孩子的情况。我把这次见面交流等同为新生大会。在那期间，我想从你们那里了解您孩子在哪些方面学习得最好，他们的学习动力是什么，他们喜欢做些什么样的事情，以前的老师有哪些教学方法最适合他们，以及作为孩子的父母你们觉得对我的工作有所帮助的其他一些信息。

　　请完成这封信里附上的问题单，然后和我联系商定我们可以见面的时间。您可以给我写邮件或者打电话（我的邮件地址和电话号码写在签名之后）。

　　非常期待和大家会面，听取你们的建议和想法。

　　此致

敬礼

桑切斯老师

　　请谨记，在新生大会期间，老师最主要的任务是倾听，听父母们诉说他们与孩子的关系。切记不要打断父母的陈述或者随意加入自己对学生的看法。你们应该从新生大会中尽可能多地获得有关学生的信息。

家长会

家长会可能是最让新老师们感觉焦躁不安的。家长会的召开方式有很多种。有的学校要求老师和家长定期一对一会面，有的学校则要求老师家访。你与家长的会面形式应该根据所在的学校的要求来制定，除此之外，你还需要考虑家长们的要求，家长会的传统，以及其他许多因素。在你准备与家长的第一次会面之前，最好和你的校长、岗培老师、指导老师或者其他有经验的同事谈谈，听听他们的建议。

关于家长会，你还需要记住以下方面的内容：

▶家长们总是希望老师了解自己的孩子，并且真正关心孩子。

▶在告知家长关于他们孩子的在校行为表现时，或在告知他们的孩子在课堂或者学业上的情况时，无论是优点还是不足，都请尽量表述得简单清晰。

▶家长们希望班级是公平的，每个学生在班级里都有所成长。

▶对于孩子们在学校的表现，家长们希望听到诚实客观的评价。所以请尽量坦诚，不要在你的评价中添加没有必要的严苛之词。

▶和某个学生的家长交流时，请只谈这个学生的情况。不要讨论其他学生，或者谈论其他家长，更不要让家长觉得你在讲某人的小话。有的时候，家长们可能会主动谈起其他的孩子。在那样的时候，你尤其需要保持专业的态度，尽力回到原有的话题。

▶在谈话时，注意保持客观。不要轻易许下承诺或者推卸责任，尽量谈论那些你认为合理的、可以做到的事。这样你才能说到做到。

▶警惕来自家长的负面情绪。有的家长会说一些关于自己孩子或者其他孩子，甚至其他家长的坏话。如果有这样的情况发生，请努力转移话题或者说些比较积极正面的内容来调节气氛。不要轻易陷入这样的讨论中。

▶和家长建立合作关系。有的家长希望与老师合作，一起帮助孩子成功。但是不要期望有完美的家长，完全按照你的要求配合，同时，你也不要什么事情都往自己身上揽，特别不要去揽那些在你控制范围以外的事情。和家长建立良好合理的合作关系有助于你对学生的管理。

▶凡事多往好处看。每个孩子都有好的一面。在和家长交流时，即便不可避免地会谈到学生在某些方面的不足，但更多地应该谈谈孩子们好的一面。有时，在与家长开始交流时谈谈学生的优点可以帮助让整个会面的氛围变得更加积极融洽。在交流结束时如果也谈一些学生好的方面同样可以帮助家长记住你是一个正能量的老师，真心关心他们的孩子。

家长会是最好的机会可以帮助老师和家长建立起合作关系，共同努力帮助孩子们成功。

安排好开学第一天

有的老师反复梦到自己努力讲课但是没有学生愿意认真听的情景。在这样的梦境里，课堂完全失控，无论老师做什么、说什么，学生们根本不听，只做自己想做的。当从这样的噩梦中醒来时，我们都害怕那样的情况变成真的，希望在现实中永远不会出现那样的一幕！

和学生的第一次见面只会有一次。你在这一天对他们说的话或者讲的课在未来这一年都将留在学生们的脑海里。所以你需要为这重要的一天定个调，树立你作为老师的形象，了解学生的同时也告诉他们你的期望以及其他一些和你的教学相关的重要内容。

所有老师都会根据自己的个性、教学内容以及他们对于班级的管理方式来安排与学生的第一次见面。可能每个老师的安排不尽相同，但是多少还是有些共同之处的。

▶一个"认识彼此"的暖场活动或者在班上开展一个团建活动。

▶简单介绍你自己，以及你在课堂行为方面对学生的要求。

▶简单介绍一下学生们即将学习的科目和大致内容。

▶主要科目的学习进度以及你打算使用的教学方法。

▶学生需要完成的学习任务。

▶开学第一周的课程表。

▶基本的班级规范（如何获得学习材料及用品，如何使用休息室，如何上交家庭作业，等等）。

▶介绍班级网页。

▶辅助学习的计划安排。

如何安排以上内容的介绍，取决于你打算将介绍活动安排在同一天完成还是分阶段向学生们说明。如果你打算用一整天的时间来做介绍，那就需要将一天的时间划分开来，一点一点地向学生们介绍上面列出的几个方面。如果你打算分阶段向学生们说明，那你可能需要在开学后的几天中每天腾出一定的时间用于介绍。

根据学校等级，我们分别列举了一些关于开学第一天的具体内容安排。

小学

▶想想如何让学生自觉营造班级学习氛围。这其实就是培养他们作为班级主人翁的责任感，共同营造班风。

▶设计一个"认识彼此"的暖场活动。

▶和学生们一起举行团建活动。

▶举行一次早会，认识学生，并让他们谈谈自己在过去的这个夏天都做了些什么。

▶和学生们谈谈这一天或者这一周的安排。

▶和学生们讨论学习纪律以及班级规章制度，比如如何从教室图书角借书，如何削铅笔，如何使用休息室，在哪里上交家庭作业，等等。

▶为学生们介绍班级网页以及如何登录和使用。

▶为学生们介绍座位安排。

▶为学生们介绍出勤的检查方法。

▶为学生们介绍你希望他们如何整理收拾自己的课桌、文件夹或者笔记本。

▶为学生们分发课本。

▶为学生们介绍进出教室以及在教室内活动的规则。

▶为学生们介绍安全事项（在火灾、暴风、紧急封锁等情况下的各种应急制度）。

▶为学生们介绍班级奖励机制。

▶和学生们讨论需要哪些基本的学习用品。

▶和学生们讨论班级电子设备的使用规则（电脑、笔记本、手机等）。

▶介绍在校的每日常规。

▶告诉学生你会在哪里张贴每天或者每周的作业以及每节课的学习目标。

中学

▶想想如何让学生自觉营造班级学习氛围。这其实就是培养学生们作为班级主人翁的责任感,共同营造班风。

▶为学生们介绍座位的安排。

▶为学生们介绍出勤的检查方法。

▶组织一个"认识彼此"的暖场活动。

▶介绍学生计划表的使用规则。

▶介绍学校储物柜的使用规则和方法。

▶介绍过道以及休息室的注意事项。

▶介绍查询考试成绩的方法。

▶介绍评估制度和规则。

▶介绍在上课时间之外学生可以联系到你的方法。

▶介绍学校网页,如何登录,以及其他一些有帮助的网页信息。

▶一起浏览课程大纲。

▶分发课本给学生。

▶讨论进出教室以及在教室内活动的规范。

▶介绍安全注意事项,比如遭遇火灾、暴风或者紧急封锁时相关的应急制度。

▶讨论班级规范,让学生们讨论他们对班级的期盼并设立一些奖惩制度。

▶介绍手机以及其他电子设备的使用规则。

▶介绍校园规章制度。

▶介绍实验室的使用方法和规则。

事先写一个提纲会帮助你介绍得更好。

小结与反思

在这一章中，我们讨论了如何成功安排教室布局、认识学生以及学生家长。我们在这一章中列出的这些具体方法可以帮助你展现出一种积极的态度，给学生和学生家长留下一个好的印象。

在你反思这一章的所学内容时，请思考以下问题。

▶教室布局如何帮助班级形成积极的氛围？在安排教室布局时需要考虑哪些因素？

▶在新学年开始之前，提前联系学生以及学生家长有什么样的重要性？安排这些前期会面交流时，需要注意些什么？

▶在开放日的活动中，哪些内容比较重要？这些内容如何帮助你给家长们留下好的印象？

▶你所在的学校有组织新生大会吗？如果没有，你打算安排那样的活动吗？如何才能成功组织那样的活动呢？

一旦有了一个好的开始并正式进入教学阶段，你会希望自己可以继续做得好。在第三章中,我们会介绍一些方法帮助保持与学生以及学生家长的良好沟通,帮助学生设定自己的学习目标,从而建立起和学生以及学生家长的和谐关系,顺利完成开学前几周的工作。

第三章 建立和学生的关系

拉肖恩(LaShawn)是一位小学新老师,她正在准备与学生见面的早会。在早会上,拉肖恩仔细聆听学生们分享在过去的这个周末他们都做了哪些事情。在一个学生分享完,下一个学生开始之前,她都会做一个简短的小结。当她重复学生的讲述时,所有学生都专注地看着她。拉肖恩的总结让学生们知道她在认真聆听他们的话,这有助于她和学生们建立起良好的关系。

这个简短的事例让我们看到认真聆听可以帮助老师们真正听懂学生讲的话。 在老师重复并小结学生的讲话内容时,她让学生们知道她真的听懂了他们的话,这在老师与学生建立良好关系的过程中很重要。

有很多方法可以帮助新老师和学生建立感情上的联系。 在这一章中,我们将集中讨论有哪些方法可以帮助老师和学生的交流,帮助学生设定目标并实现其发展。

先听后说

在与学生建立关系的过程中，有一个很关键的方法就是先听后说。如果你在和学生们谈论你的观点之前，先听他们如何说，会让学生们觉得自己是被重视的，他们会觉得老师希望了解他们，在乎他们的想法。学生中经常有人抱怨说大人们不理解他们，而只是一味地想要告诉他们应该做什么。所以当你先不谈自己的想法而认真听学生们要说的话时，就好像是一个信号告诉他们：你对他们的想法很感兴趣。艾德加·施恩（Edgar Schein）解释说，先不说其实就是把个人的观点、感受、判断以及情感上的冲动先暂时放一放，这样才有机会聆听并审查我们内在的真实感受以及我们所处的环境氛围究竟如何。暂时放下个人的观点实际上是一种由内而发的能力，这种能力让我们在与人对话时成为一个真正的聆听者，对于所听到的内容不掺杂个人的观点想法。这种能力让我们有机会从讲话者的角度去思考，发现解决问题的方法。现在，在我们周围具有这样能力的人并不多，大多数时候情况恰好相反，在我们表述个人观点的时候，人们往往缺乏耐性，总是急匆匆地想要给予我们建议。这就导致很多时候我们还没有说完想说的，就听到有人给出很多不成熟的评价，这样急于做出反应的人其实根本就不明白我们真正的想法是什么。懂得先不说的人知道在什么时候需要刻意保持沉默，那是为了真正听清楚，听明白别人的话，从而帮助解决真正的问题。

要做到在谈话中放下个人观点，就是要真正成为听众，集中注意力听，从内心去感受说话人讲述的内容，站在说话人的角度去看问题。

让我们来看看拉肖恩老师在和学生谈话时如何做到放下个人观点的。

拉肖恩老师在教室和两个学生交谈，这两个学生在教育中心工作，但是他们好像对于在中心的工作有些困惑。根据自己的经验，拉肖恩本来可以直接解答学生的困惑，但她选择仔细聆听，等待学生自己为问题找到解决的方法。等到学生们终于得出了结论，拉肖恩就对他们的观点给予了肯定，并鼓励他们在自己的工作上更进一步。拉肖恩让学生自己找到解决问题的方法，这也激励他们以后在教育中心工作时更加积极主动。

从这个例子，我们可以看到对于拉肖恩老师来说直接告诉学生如何解决他们的麻烦是很容易的。但是她却放下了自己的观点，没有直接告诉学生方法而是让他们自己想办法解决。她的耐心与指引让学生们知道她对他们解决问题的能力有信心，从而帮助她和学生建立更加积极的关系。

思考解读学生的谈话

在学生说完话之后，你最好认真思考他们要表达的真正意思是什么。解读学生说的话的方法基本一样，但也有少许区别。

其中一种方法叫诠释，也就是在学生陈述完之后，老师重复一遍学生讲话的大概内容。这种方法是从老师的角度解释学生的观点，比如老师说，"所以我的理解是……"或者"如果我理解得对的话，你是不是说……"前一部分"我理解"的说法强化了老师的角度。一些老师发现使用"我理解"这样的表达方式让他们在表述自己的观点时显得不那么生硬。

对于诠释这种解读方法还有以下一些例子：

▶ "如果我听清楚了，你是说你在完成作业方面有困难。"

▶ "在我看来你是在告诉我你需要更多的时间才能完成这个项目。"

▶ "在我听来，你是在说你认为在这个项目上自己很努力并且也做得很不错。"

▶ "我的理解是你和乔纳（Jonah）在操场上起了争执。"

复述是另外一种类似于诠释的解读学生谈话的方式，因为它们都是老师在学生陈述完后重复学生的话，只是老师在使用这种方式解读学生谈话时，表达更直接。比如老师可能这样说："你是说你很认真在做这个任务"或者"你的意思就是在你旁边工作的小组打扰了你的学习"。上面的例句在表述上都很直接,直接跳过老师的视角。有的老师认为他们更喜欢用这种直接表述的方法。

下面是一些复述解读的例子,内容和前面的一样,对比一下诠释和复述这两种解读方法之间的细微差别。

▶ "你在完成作业方面有困难。"
▶ "你是说你需要更多时间才能完成这个任务。"
▶ "你学习努力并取得了好的成绩。"
▶ "你在操场上和乔纳起了争执。"

不管你是选择诠释还是复述的方式来解读学生对你说的话,它们都可以帮助你和学生建立更积极的关系。

避免自顾自地说个不停

这其实和之前提到的认真聆听有关系。自顾自地说不停其实就是以说话者为中心的交流方式,说话人一个劲儿地只谈论自己的打算。举个例子,老师像这样说:"如果是我……"或者"如果我是你……"又或者"我听了你说的,现在让我来告诉你我的想法……"。这些都是脱离了以学生为中心的谈话,反而以老师自己为中心。当我们在和学生交流的时候,请一定要以学生以及学生的处境为谈话中心。没有人喜欢被说教,尤其是学生。只有你将他人或者他人的处境设为谈话中心，才能和他们建立起融洽的关系，让他们感受到你对他们的支持。

但是也请谨记，一般来说学生们都不喜欢被命令去做什么，但也有一些时候他们希望听听你对于某种情况的观点和看法。如果说出你的观点和看法可以帮助处于困难或者危险处境中的学生，你就应该清楚明确地表达出个人观点。如果一个学生主动征求你的意见，这也是一个分享的好时机。利用我们前面讲到的先不说的原则可以帮助你们辨别什么方法更适用，根据学生的切实需求提供帮助。

建立并保持适当的眼神交流

这样的方法听起来好像是常识，但是我们发现一些新老师可能因为太忙而忽略掉了这样的基本方法。在如今这种快速运转的时代中，很多老师一边和学生交流一边还忙碌着好几样事情，他们可能忙得都没有办法停下来留心听清楚学生正在说的话。但是无论你有多忙，请在和学生谈话时，一定要停下来和他们保持适当的眼神交流。

我们特别说到是适当的眼神交流，即你和学生的眼神交流要让学生感觉舒服。所以在和学生保持眼神交流的时候注意观察学生的表情变化。如果他们只是偶尔打断与你的眼神交流去思考或者组织语言回答你的问题，就不必太在意，但是如果因为文化习惯或者不自信、害羞等因素而导致他们不适应与你的眼神交流，或者当眼神交流让他们感觉不自在、不舒服的时候，请及时调整交流方式去适应他们，为了让他们感觉舒服，你甚至可以在谈话的时候，时不时主动地打断眼神交流。

作为老师，在我们和学生谈话的时候，不应该强迫学生必须一直看着我们。有时候学生表现得不愿意看我们，恐怕有文化习惯的原因，也可能是因为在那时他们需要处理个人情绪。比如说，有学生因为某个行为或者某种处境感觉害怕或者尴尬而避开了你的眼神，在这种情况下，你可以继续看着他。这样做是为了表现出你希望继续交流的意愿，即便那一刻学生可能并不太想。但是在他们度过这段情绪化的感受之后就可以很自然地和你重新建立眼神交流。如果在学生感觉不情愿的情况下，老师强行要求和他们保持眼神交流，恐怕只会让学生陷入更负面的情绪。一开始我们可能需要尊重学生的不情愿，等到关系融洽之后，你会发现学生们自然而然就会看着你了。

参与学生感兴趣的话题

和学生谈论他们感兴趣的话题也可以帮助你和学生建立起良好的关系。比如，你的一个学生参演了学校话剧，你就可以问问他排练的情况，通过表演话剧有没有学到什么，或者问问他是否记住了所有的台词。 如果你的学生是运动员，那么你就可以问问他最近一次比赛的结果怎样，问问他在团队中表现得如何，以及将来有哪些赛程，等等。 和学生们交流他们感兴趣的话题会让他们感受到你对他们很感兴趣，希望和他们建立情感上的交流以及良好的关系。

跟上当下潮流

无论你教的是哪个年级，都需要对当下流行的东西有所了解，需要知道学生间喜欢谈些什么话题。 如果学生们知道你对于流行的事物也有所了解的话，他们会觉得你对他们是感兴趣的。 关于那样的内容，你可以从学生平时的聊天中去了解，如果你的朋友或亲戚的孩子中有和你学生相同年龄段的孩子，你也可以去问问他们感兴趣的话题是什么，喜欢看什么样的电视节目，上网一般都浏览什么内容。 如果在班上听到学生谈论一些你不确定的话题，就仔细听，从学生的谈话中你或许会得到一些重要的提示。 如果你仔细倾听，甚至主动向学生们了解一些关于当下流行的话题，他们会很高兴的，因为他们发现你对他们的世界也有兴趣。

欢迎学生进入课堂

欢迎学生来到你的课堂。这个建议听起来好像很普通，是每个老师每天都在做的。但是根据我们的经验，大多老师（尤其是新老师）认为自己太忙，忙得没有时间为下一堂课做好准备，没有时间检查学生出勤，甚至在学生进入教室的时候都没有时间挨个和他们打招呼。

在开始上课之前，或者在一天开始之前，老师站在教室门口问候准备进教室的学生，有几个好处。第一，让学生感觉受欢迎。这就仿佛是在告诉他们你非常高兴看到他们来到你的教室，欢迎他们的加入。第二，你也可以通过观察学生的反馈来了解他们的状态。你可以通过这种非正式的交流发现哪些学生情绪不高，甚至有些焦虑或者生气。第三，你也可以顺带观察整个走廊的情况，确保学生们在交换教室上课时是有序的，并能合理使用储物柜，等等。最后，你也是在为你的课堂建立一个和谐的基调，这个基调可以帮助你和学生在接下来的学习时间里相处得更融洽，更能集中注意力。

知道学生的名字并且正确使用

在新学年开始时，请集中精力尽快熟记学生的名字，并在接下来和学生的交流中主动提起他们的名字。如果你是新的小学老师，这个任务看起来并不是很困难,但是如果你在中学任教,你需要记住的名字可能有120~150个,所以一定要有熟悉学生名字的方法。比如为学生排座位,抄写一份座次表,或者在学生的座位上放置姓名牌,等等;这些方法都有助你迅速记住学生的名字,或者你还可以建立一些小组来帮助记忆。

赫尔南多(Hernando)是一所高中的新老师,现在就让我们来看看他是如何通过让学生制作姓名牌的方法记住学生名字的。

赫尔南多是社会课程的新老师,他每天要上六个班的历史课。因为学生太多,他知道想要在短时间里熟悉每个学生的名字会十分困难。

所以在上课的第一天,他为每个学生准备了一张长方形的标签纸和记号笔,他要求学生们用这些材料制作自己的"姓名牌"(把标签纸折成三角帐篷的形状)。赫尔南多要求学生不仅要写上自己的名字,还要为姓名牌做些装饰,要有个人特色,然后在每次上课的时候就把姓名牌带到教室来,放在桌上。

这样赫尔南多在上课时,就可以边看学生的姓名牌,边记忆学生姓名。几天之后,他发现自己大概可以记住百分之八十的学生的名字,而且在记忆学生姓名的同时,也了解了学生的个性。

也可以考虑把学生的名字融入你的讲课中。比如说,如果你在上关于法国的内容,就可以这样说:"如果伊曼妮(Imani)正从巴黎旅行到波尔多,她可以选择坐火车旅行。这样顺路还可以去看看布列塔尼……"讲课的时候提到学生的名字可以让授课内容更贴近学生,并且帮助他们保持专注。

另外一种方法就是通过点名或者提问来熟悉学生的姓名。与其等待学生举手回答问题,一些老师在提问之后直接点某个学生来回答。这样做好像是你在为难学生,但其实这种方法可以帮助你尽快熟悉学生的名字,并且表现得你好像已经认识每一个学生了,这样也有助于每个学生都集中注意力到课堂上,因为他们不知道你下一个问题会点谁来回答。同时,这样的方法也有利于均衡分配学习任务,让所有学生都为学习负责。

老师的要求清晰明确

在向学生提要求的时候做到清晰明确有助于建立并维持一种和谐且有益的学习氛围。如果老师对学习任务的要求不清晰或者对任务的评估标准不断变化,学生就很难明白究竟要做什么。在对学生提出任务要求之前,老师最好先考虑清楚自己到底希望学生如何做,一旦要求提出来了,就不要随意变来变去,要确保学生理解你的要求并按照要求完成学习任务。

在布置学习任务的时候遵循以下步骤可以让你的要求清楚明了并且具有连贯性。

1.搞清楚你对学生的要求是什么，把这些要求提前写下来，特别是当要求比较复杂或者包含多个步骤的时候。

2.细化总的学习任务，让学生先完成各个分步任务，为了确保顺利完成整个学习任务，老师还需要考虑安排好各个分步任务的完成顺序。

3.在完成分步任务时，老师要明确告知每个学生小组具体的任务是什么。

4.给出指示让学生把每个分步任务按一定的顺序组合起来，从而完成整个学习任务。

5.浏览一遍在整个过程中你将提出的所有要求，标注哪些可能让学生困惑或者学生完成起来可能有困难的。尽量减少指令的数量。写下各个步骤的内容以及你在提出要求时的用语。

6.想想你将如何检查学生是否明白你的要求，当学生对某些要求出现误解时，有哪些方法可以及时解释纠正。

7.在你备课时，标明什么时候向学生提出要求以及如何提出来。

下面的例子将为我们展示新老师玛贝尔（Mable）如何清晰地要求学生完成学习任务。

玛贝尔是中学的科学老师，她注意到学生在实验课上完成她布置的任务时有困难。她想如果调整一下自己在布置任务时的方法可能有助于学生更加明确学习任务。根据自己希望学生完成的任务，玛贝尔明确提出以下几个要求，希望学生在实验室学习时严格遵循：

1. 提前阅读告示板上的实验要求。

2. 带上笔和实验相关的书籍。

3. 先收起坐凳再去实验室。

4. 一旦进入实验室,要先看书,明确完成实验需要的各种材料。

5. 确定所需材料之后,再去实验柜拿取,然后回到自己的实验台。

6. 在拿到所需的实验材料之后,先阅读实验规程,按照实验手册的要求开始实验。

7. 在阅读实验要求时如果有问题,请及时插上问题小红旗(在课堂上,如果学生插上问题小红旗就表示他们有问题要问老师),然后等待老师回答问题后再开始实验。

在写下这个任务清单之后,玛贝尔明白了学生们在实验室总是显得混乱的原因:没有提前阅读实验手册,也没有事先检查自己需要哪些实验材料和仪器。玛贝尔决定通过这份任务清单为实验活动制定新的纪律。

在下一堂实验课之前,玛贝尔把之前提到的各项要求告知学生。当学生们分小组阅读这些要求时,她在教室里四处走动,聆听学生们的交谈,确保每个学生进入实验室之前都明确知道应该如何做。

从以上步骤你们可以看出,重要的是要仔细考虑清楚你想要学生做什么,然后按适当的顺序布置任务。 另外一个重要的方面就是在学生开始行动之前,确保他们真的明白你的要求是什么。 只有学生真的明白了要求是什么,才能按照要求完成任务。 表 3.1 就是这样一个要求列表，可以帮助你准备好如何向学生说明要求。

表3.1　如何明确提出要求的列表

1.搞清楚你对学生的要求是什么,把这些要求提前写下来,特别是当要求比较复杂或者包含多个步骤的时候。

2.细化总的学习任务,让学生先完成各个分步任务,为了确保顺利完成整个学习任务,老师还需要考虑安排好各个分步任务的完成顺序。

3.在做分步任务时,老师要明确告知每个学生小组具体的任务是什么。

4.给出指示让学生把每个分步任务按一定的顺序组合起来,从而完成整个学习任务。

5.浏览一遍在整个过程中你将提出的所有要求,标注哪些可能让学生困惑或者学生完成起来可能有困难的。尽量减少指令的数量。写下各个步骤的内容以及你在提出要求时的用语。

6.想想你将如何检查学生是否明白你的要求,当学生对某些要求出现误解时,有哪些方法可以及时解释纠正。

7.在你备课时,标明什么时候向学生提出要求以及如何提出来。

适当的幽默

　　使用适当的幽默是帮助老师建立和学生良好关系的另一种方法。但是在你使用幽默这种方法时请始终谨记要使用得当。永远不要把某个学生作为幽默的主题或者对象。学生可能表面看起来没有什么,但在他们内心,可能会对这样的幽默很反感,感觉自己被贬低。如果幽默使用得不恰当反而会导致学生对你失去信任，甚至还有可能减少你在学生中的威信。

避免挖苦式的幽默，不要戏谑模仿或者嘲笑某个学生，也不要表现出轻蔑某个学生。在那种情况下，学生一般会哄堂大笑，但是事实上，他们可能对你的挖苦感觉反感。有的时候，初中或者高中老师会选择性地使用挖苦式的幽默，但前提是学生可以接受，能够理解或者会因此受到激发。请谨记，即便学生好像在笑，对于挖苦好像能接受，但这仍然是一种不适用于学生的幽默。

虽然学生不喜欢被老师挖苦，但他们却喜欢那些善于自嘲的老师，喜欢听老师讲一些自己闹的笑话，以及老师生活中一些好笑的事情。幽默感让你显得亲切，有能力轻松面对生活和工作。在上课的时候或者在开放日那天，给学生们讲讲笑话，使用一些合适的卡通造型，或者融入一些其他形式的幽默，会激发学生的兴趣。

下面让我们来看看新老师马库斯（Marcus）如何在他的课堂上使用幽默感来处理一些状况的。

马库斯是初中的地球科学老师，他有事情必须去走廊和办公室一位职员谈话。当他转过身去的时候，有个学生把一副人体骨架推到教室的白板前，还放了一支白板笔在人体骨架的手上，看上去就好像是这副人体骨架在讲课。

当马库斯回到教室的时候，他看到人体骨架正放在那里，于是暗自发笑。然后他走到教室前面一张空着的课桌那里坐下，好像他是正在听课的一名学生。过了一会儿,他朝四周看了看,笑着起身问学生:"我讲课时看起来就是这副模样吗?"他走过去把人体骨架移到一边,说:"看来这副骨架今天没什么话要说,还是我来接着讲吧。"学生们都笑了,在马库斯重新开始讲课的时候,学生们也都收回了注意力。

并不是每一位老师在那样的情况下都可以像马库斯一样幽默地一笑而过。马库斯的幽默是在笑话自己,而不是针对某个学生。同时马库斯还知道在笑过之后如何引导学生回到主题上来。因为恰当地表现出幽默感,马库斯向学生们展示出亲和的一面,有助于他和学生友好相处。

和学生一起设定目标

和学生一起设定学习目标有助于学生了解老师的要求。同时也可以帮助老师了解学生的想法,从而建立起良好的关系——当然这也可以帮助你了解学生们对于这个即将开始的新学期有什么打算。设定目标还可以让学生对自己的学习更用心,承担起更多的责任。只有当学生有了学习目标,才可能在学习上更多地投入,从而取得进步。

当学生人数比较少或者班级学生相对比较固定时,比如在小学低阶段,你可能需要一对一帮助学生设定学习目标。但是在人数较多的教室或者中学阶段,你可以展示一个制定学习计划的范例,然后让学生自己独立完成学习目标的设立。但是无论通过哪种方式帮助学生设定目标，必须考虑以下几个方面的要素：

▶目标是学生可达成的。

▶最好由学生自己设定并写下他们的目标，这样他们才会有主动性。

▶学生父母应该了解学生设定的目标。

和学生一起设定并达成目标是很值得做的一件事情，它能够很好地帮助学生们在你的课堂上取得成功。所以在开始之前你需要做整体的考虑。表3.2为你提供了一些问题，帮助你思考如何发挥目标的作用以及如何帮助学生设定个人目标。

表3.2 帮助新老师思考目标设定方法的问题列表

- 学生将使用什么方法来设定并实现个人目标？
- 你将如何帮助学生设定并实现他们的个人目标？
- 在学习过程中，你将如何帮助学生不偏离他们的目标，并在需要时及时调整个人目标？
- 为了帮助学生实现个人目标，你会采用哪些方法和措施？
- 你打算如何让学生家长或者学生监护人参与学生的目标设定？
- 在家长会上，如何与家长们交流关于学生个人目标的内容？
- 在学生说明会上，如何组织学生分享他们各自的学习目标？
- 如何通过成果展示的方法帮助学生反思个人目标的实现情况？
- 学生将通过什么样的方法与你以及他们的家长或者监护人分享讨论他们的个人目标？
- 学生设定目标的要求以及截止时间？

为学习设定目标可以帮助学生明确学习目的，为了实现个人目标而努力找到适当的学习方法。同时在学习某一学科或者某个单元的时候,学生可以通过自我反省对这一阶段的个人表现做出评价并对自己的目标做相应的调整。

设定目标

学生们需要有人帮助他们设定个人学习目标。为学生们提供帮助可以确保他们的目标得以实现,并且可以监督目标实现的过程。作为新老师,帮助学生设定目标也可以帮助你了解认识学生的能力。但是,作为新老师,你可能会问到底应该如何做才能帮到学生呢。表3.3为你提供了具体实施的步骤,你可以按照这样的步骤帮助学生们设定目标。

表3.3 帮助学生设定目标的八个步骤

说明:通过这八个步骤帮助学生设定本学期希望达成的目标。
1.根据自己目前的成绩和学习情况制定下一阶段的学习目标。
2.设置的目标要求明确可行,具体详细。
3.为每个目标制定出具体的实现计划。
4.为目标的实现设定一个时间表。
5.和老师、家长或者某个可以提供帮助的人讨论你的目标计划。
6.列出实现个人目标需要的帮助。
7.自我反省是实现目标的关键。所以每周至少反思一次,看看自己是否偏离目标。
8.庆祝自己终于实现个人目标!

你可以一对一地帮助学生完成这些步骤中的一些，也可以将学生分成几个大组，然后帮助整个组的学生一起完成目标的设定。在设定目标时，你给予学生的帮助越多，就越有可能帮助他们成功。根据你任教的年级，有的步骤可能需要做些调整。对于年龄小一点儿的学生，可以把表格设计得简短一些，比如表3.4，这样更能帮助学生明确并实现自己的目标。

表 3.4　设定目标的表格

说明：设定目标并说明你打算如何实现它，反思你的目标，列出完成目标的时间表。你一定会成功的！

姓名：奥利弗　　**年级**：8

今年我在阅读或者数学方面的打算是：提高阅读能力，读难一点儿的书。

实现目标的方法：在词汇学习的时候更努力，认识更多的词。从图书馆借难度大些的书来读。找我的语言课老师谈谈，告诉他我正在读的书有哪些，我都读懂了哪些部分。

在实现目标方面，老师可以帮我：勾出更多的词汇；为我推荐难一点儿但也适合我读的书。

在实现目标方面，我的家人可以：不断鼓励我，经常询问我目标实现的情况。他们也可以在我做得好的时候表扬我。还可以为我提供一个适合阅读的地方。

学生签名：　佛·约翰逊奥利

学生家人签名：　迈克·约翰逊

老师签名：　斯坦老师

督促学生达成目标

帮助学生设定目标并督促他们努力实现目标是很重要的。所以在学生为自己的目标努力奋斗的过程中,老师要积极给予支持。大部分学生对于设定并实现学习目标是没有经验的,需要老师不断督促才能完成。有一种好的督促方式就是定期与学生会面,检查他们的目标实现情况。一些老师甚至还在自己的日历上设置提醒,定期和学生见面讨论。表3.5提供了一个模板,老师们在和学生见面时可以根据这个模板里列出的内容检查学生的目标实现情况,帮助他们进行个人反省。

表 3.5　检查学生目标实现进程的反馈表

这学年,你要为自己的学习设定一个目标。我很乐意为大家提供这样一个机会并帮助你们成功达成自己的目标。为了监督你们的目标实现情况,我将定期与你们见面讨论。
说明:为了帮助我了解你的目标实现情况,请在每次见面讨论之前完成以下内容的个人反省。
十一月:你的目标实现得如何?请具体说明你已获得的成绩以及还有哪些目标未能达成。
一月:你的目标实现得如何?请具体说明你已获得的成绩以及还有哪些目标未能达成。

续表

三月:你准备好实现自己的学年目标了吗？请具体说明你已获得的成绩以及还有哪些目标未能达成。

学年末:

- 你是否已达成个人目标？
- 是什么帮助你实现了目标？或者是什么阻止了目标的达成？
- 对于你的个人目标,你还有什么打算？

你和学生一起制订他们的学习目标。如果这个目标是为整学年的学习，那就必须有一定的前瞻性或者是具有长效性。下面是一些此类目标的范例：

▶增强学习技能。

▶提高阅读速度或者理解能力。

▶培养领导才能。

▶提高成绩成为优等生。

▶在各项正式评估中获得优异。

▶不断进步，在ACT考试（美国大学考试）中至少获得21分。

▶提高组织能力。

▶学会使用各种高科技设备帮助自己学习。

设定并监督整个学年目标的实现是很重要的，每隔一段时间可以安排一次和学生的会面以检查阶段性目标的实现情况，这对于学生是有帮助的。表3.6可以帮助你定期检查学生阶段性目标的实现情况。

表 3.6　目标实现情况阶段性反馈模板

说明：在和学生定期见面时，使用这个表格帮助他们检查阶段性目标的实现情况。

姓名：＿＿＿＿＿＿＿＿＿＿

设定目标的时间：＿＿＿＿＿＿＿＿＿＿＿＿＿＿＿＿＿＿＿＿

整个学年的目标是：＿＿＿＿＿＿＿＿＿＿＿＿＿＿＿＿＿＿＿
＿＿＿＿＿＿＿＿＿＿＿＿＿＿＿＿＿＿＿＿＿＿＿＿＿＿＿＿＿

第一次会面：＿＿＿＿＿＿＿＿＿＿＿＿＿＿＿＿＿＿＿＿＿＿

会面时间：＿＿＿＿＿＿＿＿＿＿＿＿＿＿＿＿＿＿＿＿＿＿＿

目标实现情况：＿＿＿＿＿＿＿＿＿＿＿＿＿＿＿＿＿＿＿＿＿
＿＿＿＿＿＿＿＿＿＿＿＿＿＿＿＿＿＿＿＿＿＿＿＿＿＿＿＿＿

原目标需要修改的地方：
＿＿＿＿＿＿＿＿＿＿＿＿＿＿＿＿＿＿＿＿＿＿＿＿＿＿＿＿＿
＿＿＿＿＿＿＿＿＿＿＿＿＿＿＿＿＿＿＿＿＿＿＿＿＿＿＿＿＿

需要的其他帮助和支持：
＿＿＿＿＿＿＿＿＿＿＿＿＿＿＿＿＿＿＿＿＿＿＿＿＿＿＿＿＿
＿＿＿＿＿＿＿＿＿＿＿＿＿＿＿＿＿＿＿＿＿＿＿＿＿＿＿＿＿

第二次会面：＿＿＿＿＿＿＿＿＿＿＿＿＿＿＿＿＿＿＿＿＿＿

会面时间：＿＿＿＿＿＿＿＿＿＿＿＿＿＿＿＿＿＿＿＿＿＿＿

目标实现情况：＿＿＿＿＿＿＿＿＿＿＿＿＿＿＿＿＿＿＿＿＿
＿＿＿＿＿＿＿＿＿＿＿＿＿＿＿＿＿＿＿＿＿＿＿＿＿＿＿＿＿

续表

原目标需要修改的地方：
需要的其他帮助和支持：
第三次会面：
会面时间：
目标实现情况：
原目标需要修改的地方：
需要的其他帮助和支持：

说明个人目标与实现情况

家长会、学生说明会或者其他形式的老师家长交流会都是很好的机会让学生向他们的家长或者监护人说明他们的目标，同时也可以帮助你和学生家庭建立起联系。

组织一次由学生主导的说明会能更好地帮助学生向家长或者他们的监护人展示自己的学习成果，同时也是一次好的机会帮助学生们认真反省自己的学习目标的实现情况。为说明会做准备的过程实际上就是学生的自我反省和自我评估的过程。

除了说明自己的目标，学生还可以展示他们为了实现目标有哪些具体的计划。他们可以展示自己的具体学习内容以及方法——通常以学习成果展示的方式——展示他们在某个学科上或者某学年期间的学习成果。老师可以帮助学生们选择展示哪些成果，展示的内容必须清楚地反映出学生目标的实现情况。

为了取得说明会的成功，老师应该帮助学生们提前了解哪些需要展示。

◆展示自己在过去一段时间的部分学习成果而不是全部。

◆展示内容包括自己做得好的以及需要改进的方面。

◆展示是为了帮助自己反思已经学到的，然后明确下一阶段的努力方向。

◆展示还应该有助于设定下一个目标，尤其针对那些亟待改进的方面。

除了这种方式，学生还可以通过运用文件袋、学习日志、PPT、个人网页或者其他各种技术资源来记录学习进步的过程。只要是你和学生能想到的方式都可以。

在决定让学生用哪种方式记录自己学习过程之后，你还需要在与学生的定期会面中询问他们关于学习以及学习目标的具体问题，引导他们逐步实现自己的目标。

分享学生的成长

一旦学生设定出个人目标并且开始向着目标努力，你就可以要求他们与自己的父母或者监护人分享学习过程。从方法上来说学生说明会最适合这样的分享。有很多书已经提到如何组织学生说明会，所以在这本书里，我们只简略地谈几个基本的方法。

学生说明会主要是为了促进学生的进步。主要由学生主持并分享他们的学习目标，所获的成绩以及进步。

因为学生大多没有独立主持过这样的说明会，所以最好提前帮助他们做好准备。

表 3.7 列出了一些问题，通过回答这些问题可以帮助学生准备好说明会的相关内容。

表 3.7　帮助准备学生说明会的问题列表

- 为了实现目标,现阶段自己是如何学习的?请着重说明你在核心学科方面的成长,比如阅读、数学、语言学科等。
- 你认为学习_____比较容易?
- 你认为学习_____比较困难?为什么?
- 你发现什么是学习_____最好的方法?
- 对于新知识的学习,什么对你帮助最大?_____
- 你是否已经实现自己的学习目标?_____
- 你计划什么时候实现自己的学习目标?_____

在你帮助学生选择出要分享哪些内容之后,还需要帮助他们设计以什么方式向父母或者监护人分享的。主持说明会对于学生来说可能是比较困难的,我们建议你为学生们提供一个模板,帮助他们理清自己具体要讲的内容。

表 3.8 的模板就可以帮助学生安排好自己在说明会中需要讲的内容。

表 3.8　准备学生说明会的脚本模板

说明:在说明会中,你需要从以下方面着手准备。请分别在每部分中写下你想要说的话。

欢迎辞
你将如何欢迎你的家人并感谢他们的到来?

_____

_____

续表

说明会概述
如何帮父母大致了解你在说明会中将要展示的内容？
_____
分享你的学业进步或者你在实现目标方面取得的成果。在学科学习以及实现个人目标方面你做出了哪些努力？如何将你的努力展示给父母？
_____   _____
在未来你有怎样的计划？如何让父母或者你的家人了解你为实现个人目标，获得个人成长的计划？
_____   _____
对于你在说明会上的分享，父母可能会问到的问题？
_____

表 3.8 的模板中计划说明的内容可能看着很简单，但是请谨记，主持一次说明会对学生来说可能是完全陌生的。而且在向家长展示自己、自己的学科学习以及个人目标的时候，他们可能会感觉非常紧张。老师应该帮助学生确保每个环节都清楚且简单明了，这样学生们才会感觉有把握、有信心。

小结与反思

在这一章里,我们提供了一些具体的措施来帮助新老师和学生建立起良好的关系。当你在反思这一章的主要内容时,请回答以下问题。

▶在和学生建立良好关系时什么是最重要的?作为一名老师,为什么这些方面对你在未来获得成功很重要?

▶你和学生的交流方式如何体现出你对他们的态度?你的交流方式如何促进或者影响你的成功?

▶你如何帮助学生制订并实现他们的目标?这对建立和学生们的良好关系有何帮助?

在下一章里,我们将从班级管理的角度讨论如何建立与学生的关系。在开学第一周顺利组建班级将有助于你这一整年的教学工作。

第四章　组建班级的过程与步骤

　　加黛(Ghadah)是一所中学的新老师,在第一次接受校长对她的工作评估时,她显得有些紧张。但是其实没有什么需要担心的。她的校长认为她在班级管理方面做得非常好,大力赞赏了她的工作表现,表扬她帮助学生在学习上实现了个人目标。校长特别肯定加黛在组建班级时所做的大量工作,正是她的这些努力使得她所带的班真正成为一个集体,并拥有良好的学习氛围。

　　在与校长谈话之后,加黛开始反思自己是如何成功营造良好的班级氛围的:在学年开始的时候她就向学生们介绍了组建班级的整个过程和步骤。然后从学生那里收集意见,看看学生们认为什么样的班级是好的、成功的。然后再次思考自己对组建班级的基本原则,学校关于班级规范的相关规定以及学生的要求。所有这些努力最终帮助她成功组建起一个拥有良好学习氛围的班级,还得到校长的认同。

　　如何组建班级是新老师们需要掌握的核心技能之一,班级组建的成功就是老师的成功,只有成功组建起班集体才有可能形成积极的班级氛围。虽然组建班级的工作对于一些新老师来说是很有挑战的，但是如果处理得好就能在学生之间、学生和老师之间建立起信任，形成良好的氛围。加黛正是依据班级组建的一些基本原则，建立并形成良好的班级氛围。她不是直接告诉学生老师对于课堂的要求，而是引导学生发现他们自己对课堂有什么样的要求，从而形成积极向上的班风。

在这一章中，我们将关注那些有助于组建有效班级的基本方法。

组建积极班集体，营造良好班级氛围

组建积极的班集体，形成积极向上的班级氛围是成功管理班级的第一步。尽管班集体和班级氛围有所不同，但它们彼此是紧密相关的。现在让我们来具体介绍一下。

班集体

当我们谈到班集体的时候，通常是指这样一种班级：学生之间、学生和老师之间有着紧密和谐的关系。一个班集体就是一群有着共同奋斗目标的人，其中每个人都是有价值的，每个人的想法纵然不同但都能得到尊重。在这样的班级里，人与人彼此相连，相互帮助，共同努力争取整个集体的成功。

班级氛围

所谓氛围主要是指对人产生影响的周围环境。成功的班集体需要形成积极的班级氛围。这种氛围包括安全感、归属感，老师真心喜爱班级里的每个学生，期待每个人都获得成功，但也尊重每个学生在学习方面的差异性。

组建班集体，形成班级氛围的策略

作为一名成长中的新老师，你必须学习一些帮助组建班集体，形成积极班级氛围的方法。只有形成积极的班级氛围，才能让学生在班级里安心学习。一个班集体里面的学生拥有不同背景，不同的能力，但是大家将在一起学习、共同成长。班级氛围和班集体组建是老师管理班级的基本工作。

讨论制订班级行为规范

和学生们一起讨论制订班级规范是个不错的想法，这样可以让学生参与进来，一起思考班级需要有什么样的规范，培养他们的班级主人翁意识。因为在一起讨论班级规范的过程中，学生们会认识到要形成积极的班级氛围最重要的是什么。你可以组织一些不那么正式的讨论会或者正式一些的指导课来帮助学生制订班级规范。有的老师发现表 4.1 中的活动有助于引导这样的讨论。

表 4.1　制订班级规范的过程

- 告诉学生在制定班级学习行为规范的时候,每个人都需要参与进来,这点很重要。
- 将全班分成小组,每个小组两到三个学生。
- 分给每个小组一张纸,纸上写着这样的问题:
  ◆ 作为学习者,你认为我们自己在班级里的行为应该是怎样的?
  ◆ 作为学习者,你认为其他人在班级里的行为应该是怎样的?
  ◆ 作为学习者,你希望班级老师如何帮助你?
- 在回答完单子上的问题后,要求每个小组根据自己小组的回答做个小结报告。
- 在黑板上或者表格里记下学生对这三个问题的主要回答。
- 所有小组按顺序完成报告之后,老师将学生的报告内容汇总成为一些规范条例,然后再添加一些老师认为重要的,但学生可能没有想到的内容。
- 在完成所有内容之后,再和学生讨论,对于所列的规范条例一定要得到学生的认同。

表 4.1 中的活动可能更合适于小学高阶和初中的学生。如果要在更低的年级组织安排这样的活动,老师可能需要提前引导学生讨论在班级中应该有怎样的行为表现。在学生分享他们的观点时,老师可能需要做笔记记录。有时候在组织年龄小一点儿的学生做这样的活动时,需要限制学生们的发挥(让他们讲两到三条规范即可)。如果规范太多,学生们可能根本就记不住。

学生们对于班级规范的认识可能会有所不同。下面是一些比较大众的认识。

▶对于年龄小的学生（学前班到小学 3 年级）

- 认真听别人说话。
- 和别人友好相处。
- 努力完成学习任务。

▶对于中间年龄段的学生（4～7 年级）

- 彼此尊重，尤其要尊重别人的个人观点。
- 准时完成并上交作业。
- 不能贬低班上的任何人。
- 在老师讲解知识或者回答同学提问的时候，所有人都应该保持安静。
- 尊重他人的财物。

▶对于年龄大些的学生（8～12 年级）

- 在班级里每个人都应该可以自由分享个人观点，自由学习并做新的尝试。
- 当小组合作完成某个学习任务的时候，每个人都应该参与其中。
- 在别人讲话的时候，其他人应该聆听以示尊重，等别人说完之后再发表自己的意见。
- 在讨论时不要某一个人讲个不停，每个人都应该有机会分享自己的观点和想法。
- 在班级里，同学间应该彼此尊重。

班级公约

　　类似于制订班级规范和制度,制订班级公约的方法也可以帮助学生培养班集体观念,形成良好班风。 班级公约是对班级各项规范要求的共同协议。 但公约这个词比协议更强调显示出个人的承诺性。 通过使用这个词汇,可以更明确的表明规范的约束性。 在形成一份班级公约时,重要的是从最开始就要让所有学生参与讨论,让他们说出自己对班级规范的要求,然后将每个人的观点汇总在一起。 如果班级学生是相对固定不变的,采用班级公约的形式来管理班级就更有效果。 但是如果学生们上课时会去不同的教室,比如大多数的高中学校都实行走班上课,班级公约这种方法对于班级管理的效果就比较弱了。

　　表 4.2 为大家列举了一份班级公约的制订步骤。

表 4.2　制订班级公约的步骤

1.举行一次公开的讨论会,让学生们谈谈在班级里哪些行为是可以被接受的。为了能专心学习,班级应该有怎样的一种氛围。要求学生们说出他们的要求和期盼,让他们多谈谈什么是应该有的行为。(比如,鼓励他们说"当别人分享时我们应该仔细聆听",而不要说"在别人谈话时,我们不应该插嘴"。)
2.一旦开始形成讨论结果,就需要把主要的内容写在一个展示板上。把记下的内容形成条文之后,再在抬头写上"班级公约"。
3.将所有的公约条款写在展示板上后,再和学生们一起从头回顾每个条款,确保每一项都清楚明了。然后可以询问学生写出的条款中有没有他们认为自己无法遵循的。如果有,要把那些学生们认为做不到的条款明确标出来。对标出来的条款可以做些调整,或者你也可以帮助学生们了解如何可以达成这些条款的要求。

续表

| 4.在明确各项公约条款之后,将这份班级公约放置在教室前方,要求每个同学在上面签字,表示同意遵守。
5.每隔一段时间,需要提醒学生们再次阅读公约,回顾上面提到的各项要求。 |

根据老师和学生的不同个性,班级公约的形式各有不同。表4.3是另外一个公约范本。

表4.3 班级公约范本

史密斯老师的班级公约

我们相信一个班级的良好氛围需要大家一起努力维护。因此,我们需要定下一些大家都必须遵守的规则。下面是一个班级公约的条款大纲。

在史密斯老师的班级里,我们同意:

- 彼此尊重,尊重不同的想法与才能。
- 在小组里的讨论应该是开放的。每个人都应该参与讨论,一起解决需要完成的任务。
- 在有人发言时,其他所有人都应该仔细聆听,认真思考。
- 在做决定时,尽可能在小组内达成一致意见。
- 尽自己最大的努力认真学习,相互帮助。

让我们作为一个班集体共同学习成长。

请注意,这个公约范本的大纲比较粗略,只是从大的方面对班级活动做出了规范。但是即便如此,在你列出公约之后,仍然要征得班级里每个学生的同意并要求他们在公约上签字。

如果在制订公约的时候,学生们也参与了,即便只是一部分,那样的公约也会获得更多的认同，学生们也更愿意承诺遵守。而且在违规行为出现时，你也可以提醒学生这些要求都是依据他们自己的意愿制订的。这样，学生就很难以不知道作为违规的借口了，同时这也可以再次提醒他们注意班级对于学生的行为规范是有要求的，要依据这些要求审查自己的哪些行为需要改进。

建立强制性纪律

在制订班级行为规范时，最好和学生讨论后再决定，但是有的时候为了整个班级的正常运行还是需要一些必要的强制性规范。在你向学生宣布这些强制性规范的时候，请一定说清楚理由。只有学生真正懂得为什么要有这样的规定时，他们才会真心愿意遵守。所以在你制订一些强制性规范的时候请谨记以下几个方面。

▶越短越好：条例越短越容易遵守，不要让这份规范条例看起来没完没了，令人生厌。

▶涵盖面广：制订一些涵盖面广的规范条例，这样既能规范到各方各面，解决很多问题，但从内容上看却不显冗长。比如制订这样一条规范："请管好你的手，你的脚以及其他"。这个规范的涵盖面就很广。

▶针对大问题制订规范，没有必要去规定一些常识性的或者细枝末节的问题：比如关于不诚实的行为，就可以规定"不允许任何形式的欺骗"，而不需要对具体的欺骗形式做出规定。老师只需要在解释规范时，做更多的细节说明来帮助学生理解就行了。在制订规范条款的时候，注意条款的指导性，避免列出太多细节，让规范内容显得过于琐碎。

▶制订规范时多从正面鼓励积极的行为，不要以否定的方式禁止负面行为：比如，"禁止迟到"最好表述为"在开课前请就位并做好学习准备"。学生们对于禁止类的规范可能比较反感。所以改为正面的表述可能更能促使他们自觉遵守。

▶记得在最后加上一条概括性的规定，以防前面有漏掉的内容：比如，你可以规定"尊重他人的权利与感受"，这样的规定可以用来规范集体中所有的行为表现。

如果你合理地解释制订这些规定的原因和意图，学生们就更容易接受并遵守这些规定。

建立课堂秩序

如果你希望营造出积极且富有成效的课堂学习氛围，要求学生学习并遵循课堂秩序是很有必要的。每个课堂都应该有自己的基本秩序。在开学第一周，你需要通过制订各种行为规范形成课堂的基本秩序，这样学生才明白你对他们的基本要求是什么。思考一下，你要如何教会学生在课堂上集中注意力，使用怎样的音量讨论较为合适，进出教室的时候如何可以不影响他人，如何上交作业，以及其他一些有助于形成课堂秩序的行为规范。作为一名新老师，你不能假设自己即将接触的学生都是有规矩的，能自觉遵守各项规范制度。

当然，如何帮助学生形成课堂的基本秩序还要看你教的是哪个年级的学生，学生是否成熟懂事。如果你教的是高中，就可以让学生自己讨论学习。但如果你教的是小学，恐怕还需要把所有规范制度细化，分成不同的部分，然后一部分一部分地分开来教给学生。如果你教的是初中，你可能需要先教一些基本的课堂行为规范，剩余部分再让学生自己讨论学习。

定基调

为了形成良好的课堂秩序，学生需要遵守你制订的各项课堂规范和制度，但是在要求学生了解并遵守这些规范之前，你自己必须先清楚制订这些规范的目的是为了形成怎样的课堂秩序。规范的制订当然是为了营造一个有序的学习氛围，所以在制订规范时，你需要考虑自己的教学风格、教学内容、课堂安全（比如教学设备的使用，流动学生的数量，学生需要带来课堂上使用的各种材料，等等），还有你个人对于课堂杂闹程度的容忍度等因素。

教学方法——老师如何讲授知识，学生如何学习，如何展示，等等——在很大程度上决定了课堂需要有哪些秩序才能帮助学生更好地学习，更便于老师管理好课堂。根据不同的教学环境，不同的教学活动，学生不同的学习需求，老师可能采取不同的教学方法，但是你仍然可以发现有些方法是自己在教学中更偏好使用的。表 4.4 可以帮助你认识什么是自己更喜欢的教学方法，你更希望培养学生养成怎样的学习习惯。

表 4.4　认识自己偏好的教学风格以及希望学生养成的行为习惯

说明：回答以下问题有助于判断自己的教学风格。

1. 从以下描述中勾出你最主要的教学方法。

   □ 上课时经常板书知识要点，要求学生聆听并做笔记，下课前集中时间练习所学知识。

   □ 上课时经常板书知识要点，要求学生聆听并做笔记。在课堂上穿插练习所学知识。

   □ 学生先通过阅读、讨论或者其他方法自学知识点。可以是小组讨论的形式或者个人自学。

   □ 学生在计算机房或者实验室完成学习任务。针对学生在完成任务的过程中出现的问题老师给予指导。在学习一段时间后，学生需要展示学习成果。

2. 在你的课堂上，学生怎样表现才能保证课堂的顺利进行？
3. 在你的课堂上，学生需要如何交流才能保证课堂的顺利进行？
4. 你认为学生上课前需要学习哪些行为规范？
5. 在你的课堂上要注意哪些主要的安全因素？在你的课堂上，学生需要了解哪些安全知识？
6. 学生如何安静并且快速地进出教室？
8. 有哪些规定是你希望学生一定不能违反的？
9. 根据前面几个问题，你希望在开学之初为你的课堂制订哪几条重要的规范制度？

一旦完成表4.4的内容，你就会更清楚在你的课堂上需要形成怎样的秩序以确保学生可以更好地学习。比如，如果你在课堂上经常要求学生独立完成学习任务，那么学生就需要懂得如何独立学习，如何在需要时获得老师指导。如果你在课堂上要求学生先聆听老师讲解，然后通过讨论学习掌握知识，那么学生就需要能够及时收回注意力，记好笔记，知道如何在课堂上低声讨论。

为了帮助学生更好地学习，老师需要帮助学生养成良好的学习习惯。一些老师认为在课堂上老师不需要指导太多，应该尽量发挥学生主动性去完成每个学习活动。在这样的课堂上，学生首先需要有良好的自我管理能力，不依赖老师来管。表4.5列出的一些方法就可以帮助学生培养好的自我管理能力，也可以帮助老师更好地管理课堂。比如，其中一个方法是要求学生在听到某个事先约定好的信号时，能够马上停止自己正在做的事情，集中注意力听老师讲。利用这个方法有助于提高课堂管理效率，因为老师只需要说出某个词（信号），学生便能够自觉停下来听老师说。没有这个方法，老师可能需要花很多时间，提高嗓门儿使劲儿吼才能让每个学生在同一时间停下来认真听他讲。使用信号的方法有助于节约课堂时间，并且让课秩序井然。表4.5列出了类似的一些方法，你可以选择其中的一些来帮助你管理自己的课堂。

表 4.5　培养学生自我管理能力的方法

说明:使用下面的习惯帮助你培养学生在课堂上的自我管理技能。

- 帮助学生养成集中并保持注意力的能力,在被打断之后能很快重新集中起注意力:

  □ 在老师发出指令后,学生们可以自觉停下正在做的事情,集中注意力听老师讲。

  □ 在进行学习讨论时,学生可以控制好说话音量。

  □ 不需要老师指导太多,学生们懂得如何按程序完成既定任务。

  □ 在完成学习任务过程中,学生可以持续专注度,不受其他不必要因素的干扰。

  □ 在任务布置之后,学生可以在一定时间内开始着手进行。

  □ 即便在被暂时打断之后,学生也可以很快重新投入任务中。

- 在需要时,学生如何在教室内自由走动:

  □ 在不打扰他人的情况下,学生可以快速并且安静地进出教室。

  □ 在允许范围内,学生可以选择合适的地方完成任务。

  □ 在规定允许范围内,在不影响他人的情况下,学生可以拥有一定的个人自由比如使用休息室,选择学习工具和材料,等等。

  □ 在不打扰他人或者影响他人的情况下,学生可以根据个人需要在教室自由走动。

- 充分挖掘学生的学习才能:

  □ 在允许范围内,学生可以选择某些学习任务来完成,通常是那些他们认为可以最大程度实现个人学习目标的任务。

续表

> □ 为了完成学习任务,学生们可以从器材室领取适量的所需材料。在任务完成后,需要将所余材料归还。
> □ 在允许范围内,学生们可以选择参加某个小组学习,目的是通过小组合作更好地帮助自己的学习。
> □ 不需要老师指导太多,学生也可以读懂并遵守学生工作室的相关规定。
> □ 不管是个人工作区域还是集体工作区域,学生都能够自觉收拾整理,保持区域的干净整洁,方便寻找所需材料。

正如你们看到的,培养学生自我管理的能力在班级管理的很多方面都显得尤为重要。有的可以用于规范学生在工作室、实验室或者其他以小组形式开展的学习活动中的行为,有的则可以适用于任何一种形式的课堂。作为新老师,你需要判断对于你的课堂什么秩序是最重要的。

教重点

一旦确定什么规范对于你的课堂是最重要的,你就需要安排时间将这些重要的规范教给学生。列个计划,在开学后的两周内按步骤每天介绍一部分,安排好什么时候学习哪项规范内容,什么时候练习实践,什么时候强化巩固。

表 4.6 为新老师们提供了一个比较成熟的为期两周的教育学生课堂规范行为的计划模板，按照模板的安排可以很好地帮助学生培养良好的自我管理能力。这个模板可以用于指导 2～10 年级的学生。参照你的个人计划适当调整后再使用这个模板，想想你将如何为学生们介绍行为规范的内容，教会他们如何遵照执行各项规定，你还可以为他们介绍一些练习的方法。比如，在你要求学生练习控制说话音量的时候，高年级学生可能会认为这个练习完全没有必要。如果出现那样的情况，一些老师会为学生们提供其他选择，比如他们会对学生说："刚才我告诉你们在有的情况下我们的说话音量需要有所控制，我还希望大家可以分小组练习一下如何控制说话音量。你们是希望现在就练习呢，还是以后在遇到具体情况时边实践边练习呢？"通过为学生们提供选择，你表现出对他们的信任，相信他们可以做出成熟的判断和选择。如果将来确实发现学生不知道如何控制音量的情况，你可以再要求他们练习。

表 4.6 是一个帮助学生学习并且练习各项行为规范的范例，根据这个表格的内容，老师可以有计划地让学生反复练习需要学习遵守的各项规则。

表 4.6　培养学生课堂行为规范的计划模板

说明:这个表格有助于培养学生的自我管理能力,练习并巩固课堂自我管理的方法。列出你需要学生练习的行为规范以及巩固这些行为的计划。	
・你计划练习的行为规范	你计划采用的巩固方案
・听信号集中注意力。 ・在不打扰其他学生的前提下进出教室。 ・在课堂上使用合适的音量。 ・获得任务所需的材料。 ・需要时如何在不打扰他人的情况下在教室内走动。 ・在被暂时打断后可以迅速回到任务中。	・口头表扬。 ・班级奖励。

续表

	周一	周二	周三	周四	周五
第一周	9：00，学习信号。10：00，练习信号。13：00，练习信号。	9：00，练习信号。11：00，练习信号。13：00，练习信号。	8：55，练习信号。9：00，教学生如何进教室。10：30，练习如何进教室。11：00，练习信号。11：30，练习如何进教室。	这一整天的时间里都可以刻意使用学习的信号提醒学生集中注意力。9：00，学习如何控制音量。10：00，练习如何进教室。11：00，练习如何进教室。13：00，练习如何控制音量。	继续在一天的教学中使用学习的信号提醒学生集中注意力。提醒学生注意进教室的秩序，在他们做到时给予表扬。9：00，教会学生如何获得所需材料；练习如何控制音量。

续表

	周一	周二	周三	周四	周五
第二周	9:00,复习前一周学习的各种规范,再次提醒学生相关的各项要求。 10:00,学习如何在教室走动而不打扰其他人。 13:00,练习如何在教室走动而不打扰他人。 在整天的教学中练习使用发出信号以提醒学生集中注意力。	9:00,练习信号。 10:30,练习如何在教室走动而不打扰他人。 13:00,练习如何获得所需材料。 14:00,练习如何控制音量。	9:00,介绍如何在被打断后快速回到任务中。 10:30,练习如何快速回到任务中。 13:30,练习如何快速回到任务中。 在整天的教学中练习使用发出信号以提醒学生集中注意力。 14:00,练习如何在教室走动而不打扰他人。	在整天的教学中练习前面学过的各种规范。	在整天的教学中练习前面学过的各种规范。

练重点

对于那些有助于养成自我管理能力的各项规范,学生能否很好地学习并遵守取决于两个方面:练习与巩固。

制订练习计划

有计划的练习对学生熟练掌握这些方法是很重要的。 在制订练习计划时,有三个方面的内容需要考虑:(1)大量的集中练习;(2)分散的零星练习;(3)将各种练习有意识地结合在一起。

在才开始学习规范的阶段,老师可以将学习和练习依次间插安排或者相对集中安排。 在集中练习阶段,老师需要在短时间内安排大量练习机会帮助学生快速掌握。 在学完新的规范之后,有的老师还会利用第一天正式上课的时间让学生们练习5~10次。

在正式课程开始的一段时间,你应该经常让学生重复练习所学的课堂规范。 这种不停地巩固练习被称为分散的零星练习。 通过对所学规范不时地巩固练习,可以让学生更好地达到规范的要求。

学生最好可以将这样的课堂行为规范培养成为个人习惯。 这就需要老师在上课时经常有意识地训练学生,把教学与规范的练习相联系。 比如,关于集中注意力的信号的练习就可以在老师上课的同时进行。 而对于控制音量的练习则可以在小组活动时进行。 对于高年级的学生,不必要求他们找特别的时间提前练习,只需要在讲解规范之后，找课堂上的机会尽可能多地练习就可以了。这样，这些规范才可以逐渐成为学生日常行为习惯的一部分。

在学生中推进执行这些规范制度的时候应该时刻注意让规范融入学生生活，使之成为一种习惯。

学习规范内容

对于大多数年龄段的学生，最好不要只是一味要求他们遵守规矩。你需要让他们认识到制订这些规范的根本目的所在，为什么要遵守。最好的方法就是安排专门的时间讲解这些规范制度，就像讲课一样。下面有一堂设计好的课，大致整理出需要讲解的部分，帮助学生了解在班级中如何培养自我管理能力。

1.引入主题：为了帮助学生集中注意力学习好课堂行为规范，我们需要设计一个好的开场白。这个开场白旨在帮助学生明确上这样一堂课的原因，并介绍清楚具体的行为规范有哪些。更应该让学生明白这些规范制度将如何帮助他们在课堂上以及课后更好地学习。

2.介绍学习内容和学习目标：这一部分除了介绍本堂课的原因或者目的之外，还需要让学生清楚明白老师的具体要求是什么，无论是短时期（这堂课）的要求，还是长时期（整个学科学习、学期、学年等）的要求。在说明具体内容时尽量简短，这样将更有助于学生的理解。

3.教会学生如何遵守主要的行为规范：在这部分的学习中，你需要帮助学生学习培养自我管理能力所必需的规范和方法。你需要根据学生的年龄以及老师的教学习惯安排这一部分的内容。对于小学阶段的学生，你可能需要全部呈现需要学习的行为规范内容，而在初中或者高中，你只需要引导学生自己去发现需要养成的行为规范是什么即可。换句话说，就是可以将高年级的学生分成或大或小的讨论小组，要求他们在小组中讨论或交流以前听说过或者使用过的有助于自我管理能力的行为规范。要求他们谈谈个人的体验，这样，讨论就不会显得太无聊。

4.在解释介绍时，确保学生明白最重要的行为规范是什么：在这部分学习中，通过观察学生的反应和表现来确保他们真的明白要求遵循的行为规范是什么。这部分的重点应该提升到要求学生遵照执行各项行为规范而不仅仅停留在口头上了解。通过让学生自己来解释规范的要点，示范如何遵照执行这些要求，在纸上记下行为规范的各项要求，或者与同伴相互讨论等方式，都可以检查学生是否真的明白了要求是什么。确保学生对规范真的理解明白对于以后这些行为规范能否被很好地遵照执行很重要。

5.在学生开始实践各项规范时，老师需要给予指导：当学生们开始练习实践培养自我行为管理能力的各项规范要求时，老师需要给予指导。这样的指导是为了确保学生的练习是正确的。对学生最初阶段的实践努力，老师尤其需要给予意见反馈。对于大多数年龄段的学生来说，可以先在一些假设的情况中练习，这将有助于正确应对生活、学习中的实际情况。对于高年级的学生则没有必要，非要他们在这节课上或者在你讲解规范时边讲边练。他们大可在以后真实的学习生活中边学习边练习。

6.帮助学生主动实践学到的行为规范：慢慢地，你需要帮助学生开始主动实践新学到的培养自我管理能力的规范。要达成这样的效果，你需要将新的行为规范融入学生的日常学习中。选择那些学生熟悉的，难度不大的学科课堂来帮助他们操练。所以在这一阶段，你需要设计集中的或者分散的练习机会，让学生在不知不觉中巩固新的行为规范，使之成为一种习惯，确保每个学生都能在课堂上遵守这些规范。

表 4.7 展示了一堂完整的行为规范课的设计，让我们清楚地看到老师如何教会学生在听到某种特定信号后迅速集中注意力。

表 4.7 学习自我管理方法的课堂设计范例

1. 引入主题：你们当中有多少人渴望完成今天这节课的学习任务,不管是个人的,还是小组的？［学生们举手］。为了大家能够顺利完成任务,在我说明任务内容或者回答同学问题的时候,请大家集中注意力认真听。
2. 说明课堂目标：今天,我们将一起学习一种信号,在以后有需要的时候,我会使用这个信号来提醒大家集中注意力认真听讲。在学习之后,一旦我发出信号,你们就需要马上停下自己正在做的事情,集中注意力听我讲话。

续表

3. **学习最重要的规范要求**：集中注意力的信号是"请注意！"当你们听到我说"请注意！"的时候，就需要马上停下正在做的，看向我并仔细听我讲话。整个过程就像人们在过铁路岔道时需要做的一样（停一停，看一看，听一听）。

4. **通过示范确保学生真正理解规范要点**：我想，要点（停，看，听）你们都知道了，但是我还想进一步确保你们真的都掌握了。现在两个同学一组讨论并示范一下，当你听到信号之后要怎么做。［在学生们讨论时，老师可以四处走走，听听学生们讨论的内容。］

5. **在学生开始练习这项规范时给予指导**：我想现在大家都明白在听到"请注意！"这个信号之后需要做什么。让我们来试试效果如何。我会让大家分小组坐好，一起讨论自己上个周末做了些什么。在谈话过程中，我会说出信号。当你们听到信号之后，请立刻停止讨论，看着我并注意听我要说的话。准备好了吗？现在请大家分小组坐好。开始讨论！［在讨论进行几分钟后，老师发出信号。当学生听到信号并做出反应之后，老师可以就效果做反馈评价。在接下来的一段时间里可以重复几次这样的练习。］

6. **帮助学生主动实践新学习的规范**：一旦学生掌握了这个信号，学生还需要在这一天练习七到十次。然后在接下来的两周时间里，老师每天都需要有意识地给学生机会练习使用这个新的规范，同时可以变换学习内容和环境，适当增加难度。

就像课堂设计范例所展示的，老师在这堂课上按步骤一步步进行教学。课堂上每个部分的设计都是为了帮助学生按照老师要求学习并练习新的行为规范，就像学习学科知识一样。

规范练习的强化

简单点儿说，强化就是当学生按要求实践新学习的行为规范时，老师给予赞同或者进行纠正的过程。下面将介绍一些强化阶段可以使用的基本方法。

正面强化

正面强化是指老师在学生练习符合规范要求时，给予他们适当的奖励或者表扬。只有当学生对奖励或者表扬真正渴望的时候，正面强化才真正有效果。这类强化包括来自对学生而言非常有意义的人的赞赏，老师的认可，周围人的认可，行为规范本身带来的好效果以及一些有形的奖赏（加分、粘贴小红花、糖果奖励等）。

反面强化

反面强化可以是给予一些让学生不喜欢或者不情愿的东西。既然学生不想要，那么他们就会停止或者改变不当的行为去消除或者停止这样的反面强化。反面强化不同于结果性评价（即惩罚），因为学生可以通过改变自身行为去消除这样的强化，而一旦产生结果性评价，无论学生做什么，惩罚依然会执行。反面强化可以是在上课时老师突然走到某个学生的面前（特别关注），也可以是调动某个学生的座位直到他/她决定专心听讲为止，还可以是老师突然停止讲课，直直地看向某个学生直到他/她安静下来为止。

反面强化的效果不及正面强化，因为我们很难预测学生对于反面强化的反应是什么。有可能他们会表现得比之前还要糟糕，表现出更不好的行为。

淡化

淡化是指当某种行为因为没有得到任何关注而自行消失的情况。在课堂上，老师可以选择无视某些小的违规行为，期望一段时间后它们可以自行消失。淡化只有当那样的行为完全没有获得关注才能够起作用。如果有其他学生因此而发笑或者鼓掌，那就等同于获得了关注。所以老师必须保证违规行为得不到任何形式的关注，从而让淡化起作用。

现在让我们来看看新老师格雷希斯（Gracious）如何使用各种强化方法帮助他的学生在课堂上学会控制音量。

格雷希斯是四年级的新老师，他刚刚为学生介绍完在小组讨论时应该如何控制音量。然后，他将学生分成小组并为他们提供讨论的话题，要求他们边讨论边练习之前他介绍的"如何控制音量"的方法。

在讨论开始后不久，格雷希斯发现有两个小组讨论的音量符合要求。他马上发出信号收回学生的注意力让他们暂停讨论。当学生们都停下来看向他的时候，他就用肯定的语气说："我注意到二组和六组的同学做得很好，他们的音量控制得刚刚好。"在指导后，他又让所有小组继续讨论。

格雷希斯在班上走动,留心听学生们的讨论,他注意到有一个小组讨论声音过大。于是他就走过去,站在那个小组旁边,用向下的手势告知他们应该降低音量。这个小组立刻降低了声音,从而消除了老师反面强化。

在多次正面强化之后,格雷希斯让整个班停下来,表扬大家在练习过程中都很好地控制了声音大小(正面强化)。格雷希斯说:"现在我觉得大家都掌握了在小组讨论时如何运用适当的音量。我希望不管什么时候,在你们进行小组讨论时,都可以注意控制自己的声音大小。"

在这个事例中,我们可以看到当学生符合行为规范要求时,格雷希斯及时给予鼓励赞扬。这样的强化让学生更清楚老师的要求是什么,感觉他们的努力得到老师的认可。这样快速的反馈强化了学生对于合理音量的正确认识,让他们在接下来的时间里可以继续正确练习。

留有选择余地

当我们遇到某个问题学生或者某种混乱状况时,有一个好的应对方法就是为学生留有选择余地。在课堂氛围比较紧张的时候,为学生留有选择余地就是给他们一个自我调整的机会,从而缓和课堂上的紧张气氛。当我们在考虑如何为学生留有选择余地的时候,可以想想以下几个方面：

▶为某个学生或者某种状况留有余地，但不要让自己陷于被动。比如，你可以对学生说："如果你找不到地方学习，那我就为你指定一个。"这话听上去还不错，但如果在选择哪个座位上又出现新问题，你要怎么办呢？所以换个说法可能更好，比如说："请坐下，我们要开始上课了。"

▶确保你提供的选择是可行的。比如，你对学生说："你可以坐在这儿或者加入对面那个小组。"这样的说法很明确是为学生提供选择。但是，如果对一个学生说："找位置坐下，不然我就算你违纪啰。"这样的说法与其说是在为学生提供选择，还不如说是在威胁学生。

▶尽量保持声音平稳，放松语气。如果你提高音量说话，可能会激起学生更负面的行为。平静地对学生说："请开始做作业，或者你也可以先花点儿时间复习一下笔记。"如果在说这话时你的语气平稳，学生就不会觉得你是在说气话，也不会感觉被批评，他们只会理解你在要求他/她做应该要做的事情。但是如果你走近学生，提高声音说："我告诉你，要么学习，要么马上离开教室！"这话听起来很具有挑衅性，很容易激起学生的抵触情绪。

▶态度坚定。清楚地表达你的选择性建议后，暂停一下，看看学生的反应如何。不要紧逼着学生问："听见了吗？"也不要要求学生马上做出回答。暂停一下可以让学生觉察出你的态度是严肃的。有的时候，在学生被要求做选择的时候，他们知道用拖延的方法使大人们感觉挫败,甚至更糟糕的是,他们习惯了大人的唠叨或者责骂,所以经常对大人的话充耳不闻,依然我行我素。如果你在提出要求后很快改变要求或者做出让步,学生可能就会认为听不听你的要求其实无关紧要。

▶不要让你的话听起来像是讽刺或者鄙视。我们在前面章节谈到过"合理使用幽默感",提到老师要避免那种带有嘲笑、讽刺或者鄙视意味的幽默。在那种时候,学生可能表面看是一笑而过,但是他们心里其实很反感你的挖苦。所以在为学生提供选择的时候,我们应该多鼓励他们。

▶在做出选择决定之前允许学生考虑。你甚至可以在学生考虑的时候适当回避。你的回避可以缓和紧张气氛,让学生在选择的时候保留颜面。

▶积极肯定学生的选择,然后继续上课就像什么都没有发生一样。当学生做出了选择,你可以简单说:"谢谢(学生的名字)。我知道你一定会做出这个正确的选择。"

▶也可以等到气氛不紧张了或者不再有对峙情绪的时候,再让学生选择。但你需要花时间帮助学生学习如何做决定,并让他们知道这是一种很重要的能力,那样学生才会在需要的时候做出对的决定,避免产生抵触情绪。

判断并给予惩罚

在这一章，我们介绍的所有课堂行为的管理方法都旨在帮助老师有预见性地解决或者预防可能出现的问题。避免或者尽可能少地出现麻烦可以帮助你更好地建立和学生的关系，营造出积极向上的班级氛围，组建有成效的班集体。

但是，即便是最有经验的老师也很难预测或者完全避免学生的违规行为。所以当学生不听话——出现违规行为，破坏课堂规章制度的时候，又应当如何处理呢？这个时候，你可能需要采取相应的惩罚措施。当你还是学生的时候，你的老师在多数时候就是通过实施惩罚来规范学生行为的。但是你可能会发现在惩罚学生之前，先尝试这一章前面提到的各种方法可能会更好。

惩罚属于一种反面强化手段，因为惩罚也是对于学生行为的一种回应。但是惩罚和反面强化又稍微有些不同，因为惩罚一旦公布就不会轻易免除。下面是关于实施惩罚的一个事例：

班级大部分同学分小组正在学习化学方程式的配平，金姆（Kim）老师在教室四处走动帮助指导小组学习。她注意到有一个小组并没有认真学习。于是她站到这个小组旁边（这是一种反面强化）以示提醒。因为有老师的关注，这个小组重新开始学习讨论。但几分钟过后，金姆再次注意到这个小组不但没有讨论学习，还相互打闹起来。

这一次,金姆将小组成员分开,要求课后找他们谈话。在课后的谈话中,金姆先询问这个小组的同学不按要求做的原因,然后她要求学生们想想有什么方法可以帮助他们在以后的小组学习中认真起来(这应该属于一种惩罚)。另外,学生们还需要决定如何弥补他们在课堂上浪费的时间以及金姆老师用来解决这个问题所花的时间。

在这个例子里,我们看到一开始金姆使用加强关注的方法(反面强化)提醒学生,尝试规范这个小组的违规行为。当那样的方法不起作用的时候,她采用了惩罚措施(让学生在课后留下并要求他们想办法弥补在课堂上浪费的时间)进一步规范学生的行为。在这样的情况下,惩罚措施是用来帮助学生从错误中吸取教训的。惩罚是否有效果可以从下面几个方面来看。

当你对学生实施惩罚时,请考虑以下几点。

▶确保惩罚本身是具有教育性的:比如要求学生找到方法弥补因为违规行为而浪费的时间,这样的惩罚其实可以帮助学生认识到违规行为可能引发的后果,从而避免以后再犯。

▶惩罚措施要对应学生的错误:如果学生的错误小,那么惩罚就不应该太重。如果学生的违规行为比较严重,那么也可以适当加重惩罚。比如,如果一个学生损坏了另一个学生的东西,我们可以惩罚那个学生通过在学校打工赚钱来做出赔偿。

▶选择一些简单,易实施的惩罚:明确地告知学生惩罚是什么,避免说教,甚至是数落,这样,惩罚才能更有效果。比如,直接说："因为我不得不在课堂上纠正你的违规行为，浪费了五分钟的时间，请你在放学后把浪费的时间补回来。"这样已经足够让惩罚发挥作用。但是如果老师说："你知道吗，今天你的行为真的很让我生气。我厌烦了你这种不成熟的表现。你简直就是在浪费纳税人的钱，现在我们全班都因为你而落后了。"如果你这样说，学生可能反而不知道要从惩罚中吸取什么教训了。

▶选择不伤害学生尊严的惩罚措施：避免说教或是数落学生。在对学生实施惩罚的时候不要带上个人感受（或者其他情绪），这样可以避免学生感情受到伤害。实施惩罚应该是对事不对人的，这样才能避免伤害学生尊严。比如，我们可以说："因为你今天在课堂上浪费了时间，所以必须……"这种说法可以为学生保留面子。但是如果我们说"你有毛病吗？你是不是蠢啊？"就会伤害到学生的感情。控制好你的脾气，才不会掉到这样的陷阱里去。

▶确保惩罚得以执行：记住，在执行惩罚时要适当、合理，避免情绪冲动，不要无故激怒学生。如果可以，在惩罚结束之后让学生说说从中吸取了什么教训。

小结与反思

在这一章里，我们探讨了作为一名新老师可以使用哪些有效的方法管理班级和课堂。在你反思所学内容时，请回答下面的这些问题。

▶在思考制订课堂行为规范的时候，为什么需要先判断自己偏好的教学风格是什么？

▶为什么通过专门的课堂讲解帮助学生学习行为规范制度有助于课堂管理？

▶在学生学习自我管理方法的时候，老师如何在讲课的同时为他们提供巩固练习的机会？

▶想想正面强化有何作用。你打算如何通过正面强化的方法规范学生行为？你将如何通过淡化的方法解决课堂上那些小的违规行为？

在这一章中，你已经学习到一些基本的方法来帮助你很好地管理班级和课堂。在学生学会如何自我管理之后，你还需要帮助他们经常练习巩固，直到那些行为规范逐渐成为一种行为习惯。

在下一章中，我们将介绍一些方法帮助你们处理一些混乱甚至是失控的情况。这些方法可以帮助你在处理困难状况时保持冷静。

第五章 问题行为管理

辛迪(Cindy)是一位中学新老师,她投入大量精力指导学生,期待学生表现出合理的课堂行为。在她的用心营造下,班上建立起了积极正面的课堂氛围。此后,她班上的孩子大部分都能卓有成效地开展学习活动。她在教室设立学习小组,学生们遇到难题时可以在积极的学习环境中合作解决。

一天,一个叫黛布拉(Debra)的新生转学到辛迪班上。这个新同学一到,辛迪立即察觉出这个学生身上存在着一些棘手的问题。尽管辛迪班上的学生向黛布拉表现出欢迎,黛布拉却不与任何人交往。有时黛布拉会在课堂上故意捣乱,使得同学们哄堂大笑或者议论纷纷。比如,每当辛迪说了什么让黛布拉听来觉得不高兴的话,黛布拉就会故意咳嗽或是清清嗓子。她还故意大声地自言自语,以引起同学们的注意。

辛迪明白黛布拉的捣乱行为是想刻意引起周围同学的注意。辛迪知道她需要拟订一个计划来引导和管理黛布拉制造混乱的行为,并帮助她养成积极正面的行为习惯。

许多新老师在应付黛布拉这样的问题学生时感到力不从心。他们在处理学生的捣乱行为或者学生在课堂上越来越糟糕的开小差现象等问题时没有什么经验,更不知道该从何下手制订计划以便有针对性地帮助学生养成良好的行为习惯。值得庆幸的是,新老师们可以学习一些管理捣乱行为或问题行为的基本策略。

课堂管理策略应该具有延续性且前后紧密相关。老师在实施这些策略时需要从实际出发,采取适合所在班级和学校的文化氛围的方式。尽管本章所讲的策略和最佳实践经验已经成功帮助到许多老师,但是你所处的环境是独一无二的,所以你在实施这些策略时必须根据实际需要,做出适当的调整或修改。这一点非常重要。

管理调皮捣蛋的学生

善于管理调皮捣蛋学生的老师都拥有一系列基本技能。这些技能使得他们能够快速诊断出学生的问题并迅速做出反应,找到合理的解决方案。这些基本技能包括:

▶明确课堂行为规范,与学生达成共识。为了能让学生更好地规范自己在课堂上的行为,你必须让学生清楚该如何表现才符合要求。

▶就事论事，不让自己的情绪因为学生的问题行为而受到影响。当你的学生表现出负面行为，不要感情用事。相反，你应该镇定沉着地作出反应。

▶敏锐的洞察力，能够准确描述问题行为。你要能够准确辨别学生的行为存在的问题是什么，客观地为学生分析利弊，明确指出你希望他减少哪些行为表现。如果你不能明确告诉学生他所做的事情究竟错在哪里，学生将很难纠正自己的过错。

▶总揽全局，要有逐步解决问题的耐心。一个学生表现出的问题有可能只是冰山一角，背后隐藏着更大的问题。从事情的细微处入手，你要明白把一个问题学生拉回正轨不能一蹴而就，或许需要很长一段时间。

▶制订和执行计划以帮助学生减少问题行为的破坏力。对于大多数有着复杂问题行为的学生，设计一个整体的计划，逐步引导效果会比较好。构想一下你有什么样的计划来解决问题。

▶将目标行为拆分成小目标，使得问题更容易解决、错误更容易纠正。一开始，学生或许只有一些小的改变。面对复杂棘手的问题时要懂得循序渐进，集中精力一次解决一个小问题。

▶排查导致问题行为的所有可能性——包括你自身的教学方式。记住：你、你的行为、教室布局和其他因素都有可能导致学生问题的发生。例如，一个学生在走到自己座位的途中去干扰其他几个同学，或许是她所坐的位置导致了这个问题的发生。

第五章 问题行为管理

如表 5.1 所示。这是一张自我评估表，可以帮助你判断自己在应付学生问题方面的技能水平。

表 5.1 处理破坏性问题行为的基本技能

处理破坏性问题行为的技能	你在这方面的技能水平（1＝非常有限,5＝可以应付,10＝得心应手）	突破技能局限的资源
明确课堂的行为规范，与学生达成共识。	1 2 3 4 5 6 7 8 9 10	
避免让学生问题影响自己的情绪。	1 2 3 4 5 6 7 8 9 10	
敏锐的洞察力，能够准确认识问题行为是什么。	1 2 3 4 5 6 7 8 9 10	
总揽全局，有逐步解决问题的耐心。	1 2 3 4 5 6 7 8 9 10	
有计划地减少学生问题，逐步改善学生行为。	1 2 3 4 5 6 7 8 9 10	
将总体目标拆分为小目标，使得学生问题更容易解决。	1 2 3 4 5 6 7 8 9 10	
排查导致学生问题行为的所有可能性因素——包括你自身的教学方式。	1 2 3 4 5 6 7 8 9 10	

针对表格第一栏里所列出的各项技能，从 1～10 对自己做出评估。"1"表示非常有限，"10"表示得心应手。认真对待所列的每

一项技能，客观地对自己做出评估。当你完成评估后，查看得分最低的那些选项。针对这些弱项，你可以从后面所列清单中找到对应的改进方法。比如：

▶与你的校长、年级组或课程组合作。
▶与行为干预专员交谈。
▶与从事特殊教育的老师、你的导师或教导员合作。
▶阅读与这一技能相关的书籍和文章。
▶参加与这一技能相关的专业发展培训。

发现问题

当你认识到自己在处理破坏性问题行为的个人优势和局限以后，就可以采取下一步措施——了解学生的问题行为状况。你需要采取适当的方式，找出导致这个问题行为发生的主要原因，这一点至关重要。你可以观察教室，或者询问辅导员、科任教师等，以了解掌握更多课堂的情况。

当你在课堂上遇到问题行为时，首先要分析该行为背后的原因或动机。记住，在学校外面发生的事情也有可能是导致课堂问题的原因。你需要跟学生的父母以及家人进行交流，看看学生到底遇到了什么问题以及他们是如何处理的。针对同一问题行为，学校和学生家庭采取相似的策略或共同合作，将有利于问题的解决。老师可以与家长一起制订行为管理计划，家庭和学校每个人都达成共识，齐心协力一起努力改善状况。

在处理问题行为时，你要始终关注以下几点：教学环境的结构是否合理？是否存在导致学生学习困难的因素？课堂是否组织有序？你的教学指令表达清楚了吗？在处理各种问题时，你的态度是否一致？你所采取的措施是否有助于解决问题？这本书所涵盖的内容是否有助于你解决问题？学生来到你的班之前，他们遇到过什么？是不是他们过往的经历导致了现在的问题？思考诸如此类的问题有助于你判断自己是否可以有效地处理学生的问题行为。

如果你能客观理智地进行分析，不被问题情境所困扰，你会发现一些导致学生问题的模式或线索。利用表 5.2 观察你的课堂或同事的课堂，寻找可能导致学生问题行为的因素。

表 5.2　问题行为课堂观察表

学生姓名：_____		教师：_____					
课时：_____		疑似或潜在问题行为：_____					
行为	发生时间	发生时间	发生时间	发生时间	发生时间	发生时间	发生时间

续表

1.描述你观察到的具体行为。

2.是否存在其他问题触发了该问题行为?

3.其他学生对这种行为有何反应?你对这种行为有何反应?

4.在学生行为或老师反应方面你观察到了什么样的模式?

有时,学生问题行为的发生没有特定的时间规律,有些行为不会照着时间表出现,没有规律可循。有些行为则可能非常频繁地发生,如果采取跟踪记录的方法,你的笔记很快就会记满一整篇。在这种情况下,采用叙述性观察的方法可能更有帮助,如表5.3。

表5.3 叙述性观察表

学生姓名:_____	教师:_____
课时:_____	疑似或潜在问题行为:_____

1.总的来说,学生表现出了哪些问题行为?

2.这些问题行为的发生有顺序或规律吗?

3.是什么触发或激化了该问题行为?

4.当这些问题行为发生时,当事人有何反应,你有何反应,其他学生有何反应?

5.在你观察期间是否留意到引发这样问题行为的模式或线索?

6.当你在查找有助于解决问题行为的线索时,还注意到了些什么?

问题行为解决方案——利用教室

很多情况下，学生的捣乱行为是由一些没有被察觉到的小问题所导致。在我们与学校的合作中，制订出了一套课堂问题行为的管理方案。此套方案描述了常见的问题行为，以及老师可以用来解决问题的一系列策略和方法。解决方案的设计很实用，可供教务繁忙的老师们快速参考，所以编写时有意不去涉及复杂的背景知识和理论。我们要在这里介绍的是一个简单明了的工具。

问题行为解决方案的理念是利用一些基本的处理技能，帮助老师改善学生的问题行为。采取何种策略取决于你所面对的学生、具体事件、课堂的环境氛围以及其他需要考虑的因素。在选择和实施策略时，你需要反复思考权衡，具体问题具体分析，做出最佳判断。专业人员使用起来得心应手的方式可能对于你所面对的情况不起作用；过去帮你改善过问题的策略，用在另一个表现出相同行为的学生身上或许不起作用。在使用这些方案时，请记住以下几点：

▶仔细阅读：确保你在采取行动之前已经了解如何实施该策略。当你实施所选策略时，确保已经熟知该策略的相关实践经验。与你的同事或者校长交流，寻找到合适的问题解决方式仅仅只是一个开始。

▶首选一个或两个策略：在继续采取其他措施之前，给自己一些时间来观察所用策略是否有效。如果你选择一个或两个策略来改善问题，应该坚持几个星期，以观察所选策略是否起作用。改变需要时间和努力。你要明白，不仅是你在学习使用新的管理技能，你的学生也需要时间去适应新的教育理念。

▶新的教育理念实施起来会经历一个从风生水起到偃旗息鼓的过程，你要为此做好心理准备：因为新鲜感，新的措施一开始运转良好，但一段时间后这样的势头便会逐渐减弱。建立自己的计划，定期回顾和审查计划的执行效果。

▶收集学生进步的信息：利用这些信息来衡量策略实施是否成功。

在实施过程中，请向你的校长汇报取得的进展。他或许会对你接下来的工作有所帮助。

问题行为解决方案分成七个独立的表格（表5.4～表5.10），包含以下主题：

1.在课堂上无法集中注意力的学生。（表5.4）

2.不遵守课堂秩序的学生。（表5.5）

3.在课堂上不听从老师指令的学生。（表5.6）

4.不做学习准备的学生。（表5.7）

5.完成指定学习任务有困难的学生。（表5.8）

6.跟老师唱反调的学生。（表5.9）

7.反应过度,需要安抚的学生。(表5.10)

按照表格设计,你可以单独使用,也可以与你的团队和同事一起使用。每一个表格均有一处空白区域,你可以添加你认为有益的想法或者记录下每个学生分别取得了怎样的进展。在学科和课堂管理方面有一点非常重要,那就是你需要跟班上的每一位任课教师沟通,共同判断该策略的有效性,大家要在对待学生的态度和处理问题的原则上保持一致。团队合作可以帮助你和你的团队更好地满足学生的需求,在学生的全面发展上保持步调一致。

表 5.4　在课堂上集中注意力

问题	减少消极影响,激发主动性的方法
在课堂开始时,学生难以集中注意力。	・为学生提供过度活动,当他们进入教室,立即让他们将精力集中到课堂上。 ・站在门口欢迎学生,提醒他们坐下来准备上课。 ・学生进教室时播放舒缓的音乐,以音乐停止作为正式上课的信号。 ・使用声音信号,以便在课堂开始时引起学生注意。 ・培养学生安静走入教室后立即进入学习状态的习惯。
同事的意见:	

表 5.5　确保学生遵守课堂秩序

问题	减少消极影响，激发主动性的方法
学生在遵守课堂秩序方面有困难。	• 思考所有必要的学习活动流程，清楚地发出指令并进行指导。 • 在教室前张贴流程表，清晰列出各种活动的流程。 • 提供图片指南，直观明了地向学生展示必要的流程。 • 在自习室或活动中心张贴活动指南。 • 指派学生在活动中心或自习室向同学解释相应的活动流程。 • 取消教育过程中不必要的额外步骤，以确保学生把握重点。 • 在学生开展活动之前，先让他们以小组或结对的形式熟悉整个活动流程。
同事的意见：	

表5.6 在课堂上听从指令

问题	减少消极影响,激发主动性的方法
在课堂上,学生在听从老师指令方面有困难。	• 复述指令,确保清晰明了。 • 一次只给学生下达三个指令。 • 明确指令后,让学生在小组里复述。 • 下达指令时,结合肢体语言以帮助学生理解。 • 在自习室或活动中心使用书面提示。 • 谈话时与学生保持眼神接触,直到所有学生的注意力都集中在你身上时才下达指令。 • 接近或站到那些不容易明白老师指令的学生身边。 • 抽选学生来复述部分或全部指令。 • 抽选学生预先演示指令的实施方案。 • 发出指令后,立即对那些正确听从指令的学生进行表扬,对学生的良好表现加以强化。
同事的意见:	

表 5.7 为学习做好准备

问题	减少消极影响,激发主动性的方法
学生不带学习资料和学习用具来上课,或不做学习准备。	• 在门口、教室、自习室张贴提示。 • 在学生的课桌上张贴所需的资料清单。 • 在课前或课堂上提醒学生要携带的学习资料。 • 建立伙伴关系,让学生两人结伴,相互提醒,以帮助学生准备所需的资料。 • 提供一个资料交易处,未做准备的学生可以在这里购买所需资料,并以此奖励那些积极准备的学生。 • 设立储物点,例如箱子和文件夹,学生可以把所需要的资料存放在教室和自习室。 • 将学生所用资料收集起来存放进储物箱,上课需要的时候统一分发,下课收回。
同事的意见:	

表 5.8　完成学习任务

问题	减少消极影响,激发主动性的方法
学生完成指定学习任务有困难,不能按时上交作业。	• 在课堂上分配好完成各个任务所需的时间。比如,给学生设定每个任务的完成时间,如果没能按时完成则视为出局。 • 找出学生未完成家庭作业的原因。真诚地关注,让学生知道你在乎。 • 允许学生在课堂上做作业,如果他们达到一定的完成水平,可以成组或结对学习。 • 提供一个帮助中心,如果学生需要帮助,他们可以参与其中。 • 要求那些学习任务完成质量一向较差的同学每天放学时交给你检查,包括家庭作业。 • 允许学生复印学习资料以便他们做笔记和勾画重点。 • 要求学生加入家庭作业互助学习小组。 • 晚上打电话到那些家庭作业完成质量较差的学生家里,以监督他们的作业完成进度。 • 对于较难的学习任务,可以按时间或按照学习阶段分步完成。 • 在黑板或你的个人网站上提供每周需要完成的学习任务预览,以便学生提前计划。 • 让有影响力的成年人(教练、学术赞助人、俱乐部赞助人等)参与进来,鼓励学生完成学习任务。
同事的意见:	

表 5.9 遵从教师权威

问题	减少消极影响,激发主动性的方法
学生缺乏对教师权威的尊重,不尊重老师,无视老师的指令。	• 明确课堂要求,尽可能为学生提供选择的余地。 • 不与学生发生争执,在课堂上谨慎处理潜在问题。 • 留意学生唱反调的迹象,不要被他们牵着鼻子走,但也不要针锋相对。 • 换位思考,告诉学生你能理解他们的情绪和想法,并将学生的精力引向该用的地方。 • 如果发生严重冲突或暴力冲突,要向同事寻求帮助。 • 如果发生严重冲突或暴力冲突,在处理该学生之前,应先将其他学生转移到教室之外。 • 适当幽默地批评学生的不良行为,但不要对学生冷嘲热讽。 • 在教室之外或其他学生视线之外处理冲突,礼貌得体地对学生进行教育。 • 无论教室内外,教师的穿着和言行都应该体现专业素养,大方得体。 • 与你的指导老师或备课组长一起交流想法。 • 与教导主任、校长助理、学生一起召开会议,共同制订计划。
同事的意见:	

表 5.10 让反应过度的学生冷静下来

问题	减少消极影响,激发主动性的方法
学生在课堂上变得焦虑或表现出冲动行为。	• 预先与学生交流,弄清使他焦躁不安的原因。 • 与学生约定一个私密的信号,在学生过度反应的时候用于提醒。 • 将每一天或每个教学周期分成多个部分,以减轻压力,帮助学生保持冷静。 • 使用计时器帮助学生自我监控学习行为。 • 提供一个写字板或记事本,让学生写下问题或评论,而不是在课堂上不假思索地脱口而出。 • 定期与学生回顾这些笔记。 • 教导学生哪些是恰当的学习行为。 • 为学生树立榜样,帮助学生保持专注。 • 为学生播放舒缓的音乐,以帮助学生保持稳定的情绪。 • 教会学生放松和呼吸调节,在课堂上或课间有规律地进行。 • 为学生提供一个休息区或休息室以便他们在感觉失控时可以去放松冷静。
同事的意见:	

当你在实施上面的解决方案中列出的各种策略时,请务必记住,并不是每个策略都适用于每种情况。你可能需要与校长、特殊教育教师、行为专家或行为干预专家、教育心理学家、指导老师、备

课组长或其他一些知识丰富的专业人士合作，针对特定的学生，制订出解决问题的具体策略。有些行为可能非常困难（或几乎不可能）解决。一定要让家长参与进来，跟家长一起讨论协商解决问题的策略，让家长为解决问题提供帮助。如果你发现自己无法解决所遇到的问题，与他人合作并向专业人士寻求帮助。

强化积极改变

在第四章中，我们讨论了通过强化那些符合要求的行为来帮助学生认识课堂行为规范。我们学习了三种强化方式：正面强化、反面强化和淡化。强化理论，特别是正面强化，非常有助于管理严重的破坏性行为。因为学生可以因为表现出适当的行为得到他所渴望的东西，比如老师的表扬、同学们的认可等。改善问题行为最重要的一点就是在学生做出改变时立刻进行大量的正面强化。当学生意识到这样的改变对他有利时，这种行为就会在以后重复出现。

在本章中，我们重点关注如何判断和使用正面强化，帮助学生改善有问题的行为，重塑良好行为表现。以下是实施正面强化的相关策略。

▶思考你对学生的认知。他/她渴望得到些什么？有些学生可能需要引起注意、别人的认可或与成年人有更多的互动。实施正面强化的方式可以是与老师共进午餐，当众表扬他们的适当行为，获得老师的个人笔记,等等;有些学生期望自己能够得到同学们的积极关注。在这种情况下,让学生为同伴或小组赢得某种特权是一种行之有效的方式。

▶咨询校内与学生相关的人,听听他们的想法,看看有什么可以激励学生。一些学生可能对某些事物有特殊兴趣,比如某种动物、阅读喜欢的书籍、观看喜爱的电影、从事个人爱好、观看喜欢的运动队比赛等都可以成为正面强化的媒介。

▶观察学生在教室外的表现。寻找学生看起来特别感兴趣或受激励的情景。利用对学生的了解,制订出强化表扬的方案。如果你注意到一个学生对足球特别感兴趣,你可以利用一些与足球相关的事物来对学生进行强化表扬,如赢取足球卡、观看足球比赛录像、与当地高中足球明星见面或其他与足球相关的容易安排的事情。

▶联系学生的父母或监护人,了解哪些东西可以激励孩子;与你的指导老师、备课组长或者过去教过这个学生的同事交流,找出可能会激励该学生的话题;如果你有学生兴趣调查表,利用这个表找出学生的爱好和兴趣,这将有助于确定强化方案;观察该学生在学校与同学之间的对话、互动、阅读的书籍等,利用这些信息明确哪些东西可以用来强化表扬;与学生交谈,找出他的兴趣所在。建议用以下方式展开对话,你一定会有所收获:

·如果你可以在学校做任何事情,你会选择什么?
·如果我们给你一个机会,你可以通过改善你的问题行为来获得某种奖励，你会选择什么？

· 你认为什么能够激励你改变和进步？

表5.11是一个用于确定正面强化方案的工作表。

表5.11 确定正面强化方案工作表

学生姓名：_____ 年级：_____
教师：_____
_____
有待改善的行为：_____
1. 你在课堂内外观察到这个学生对哪些领域表现出兴趣？
2. 针对这些兴趣，有些什么类型的具体活动或策略能够促进这个学生改变自己的行为？
3. 在你制订的列表中准备采取哪些措施？哪一个措施在学校内实施起来最有意义？
4. 将你能为学生准备的强化方案按照从最简单和最低成本到最复杂和最昂贵的顺序分层列出。

当你确定了正面强化方案之后，下次学生取得了积极进步时，你就一定要兑现。表5.12提供了一个模板，可以帮助你跟踪记录正面强化方案的实施及其影响。

表 5.12　正面强化跟踪记录模板

使用说明：改善问题行为很重要的一点就是在学生做出改变之时立刻进行大量的正面强化。当学生做出改变，利用此表跟踪记录由正面强化方案所带来的变化。

学生姓名：＿＿＿＿＿＿＿＿＿＿＿＿＿＿＿＿＿＿＿＿＿＿＿＿＿＿

特定目标行为：＿＿＿＿＿＿＿＿＿＿＿＿＿＿＿＿＿＿＿＿＿＿＿

采取的强化方案：＿＿＿＿＿＿＿＿＿＿＿＿＿＿＿＿＿＿＿＿＿

在下表中，记录在学生学习过程中，你采用正面强化方案对其表扬的次数。最后记录该周的总计次数。

日期	强化表扬次数
星期一	
星期二	
星期三	
星期四	
星期五	
本周合计	

完成这个模板后，你要反思对良好表现进行正面强化的频率。如果你进行了有意义、有规律的正面强化，而学生的行为仍然有问题，那你可能需要改变正面强化方案或执行方案的时间。

签订行为合同

管理问题学生的另一种有效方式是签订行为合同。行为合同是一种个性化的改进计划，签订者可以是你与学生、学生与父母、学生与其他教师，也可以是这几者任意组合。

在签订行为合同时，你应该针对最具破坏性的行为。对于这些行为，你应该首先向学生一针见血地指出他们的问题所在，让学生明白自己的不当行为已经在班级造成了麻烦。在你和学生明确了这些问题行为之后，将正面强化方案和可能导致的惩罚结合起来，明确强化方案和惩罚方式，帮助学生减少并最终停止破坏性行为。

需要特别注意的是，这些惩罚本身应该是具有指导性的，应该适用于学生的违规行为。惩罚措施既要简单、直接、便于实施，同时也要能维护学生的尊严。此外，最重要的一点，老师要切实遵循和执行已经确定了的惩罚措施，不能朝令夕改。表5.13是签订行为合同的模板。最好是与学生一起制订合同。毕竟，合同是学生将要遵守的协议，他应该在最终决定上享有话语权。如果学生不具备参与制订合同的能力，你和同事可以制订出合同初稿供学生参考。

表 5.13　**行为合同模板**

我，_____（学生姓名），在学校里调皮捣蛋。我的破坏行为包括以下几点：

- _____
- _____
- _____

这些不当行为必须停止。为了停止这些行为，我将做到以下几点：

- _____
- _____
- _____

如果我没能停止不当行为，我将承担以下后果。

- 第一次：_____
- 第二次：_____
- 第三次：_____
- 第四次：_____
- 第五次：_____

注明有关合同条件的详细信息，具体说明正面强化方案等。还可以写明学生通过改变破坏性行为可以获得的特别奖励。

我们同意遵守合同。

续表

学生：_____

教师：_____

校长：_____

父母：_____

表5.14与表5.15分别是小学生和中学生已经签好的行为合同实例。

表5.14　小学生行为合同样本

我,大卫·莫里斯,在学校里调皮捣蛋。我的破坏行为包括以下几点：
- 我总是在不应该说话的时候,或者没有经过老师允许的情况下,擅自说话和发表意见。
- 我总是发表不恰当的、与学习不相关的意见。

这些不当行为必须停止。为了停止这些行为,我将做到以下几点：
- 举手,经过老师或管理员同意后才发表意见。
- 当我发表意见或问问题时,只谈论与所学内容或作业相关的话题。
- 我不会在老师上课或同学们正在学习的时候故意去逗别人笑。

如果我没能停止不当行为,我将接受以下惩罚。
- 第一次：口头警告。
- 第二次：课间15分钟休息时间不能自由活动,需要到办公室找老师谈话。
- 第三次：失去所有课间休息时间并到办公室找老师谈话。

续表

- 第四次:去迈耶斯校长的办公室并打电话给父母。
- 第五次:星期六到校禁闭。

如果我能够改变我的行为,使自己的行为符合要求,每半天可以获得1分。积分可以用于以下情况:

- 10分:获得校长的奖励并打电话告知父母。
- 25分:为全班同学争取到额外十分钟的休息时间并打电话告知父母。
- 50分:带一个朋友与校长共进午餐并打电话告知父母。
- 100分:获得校长的特别嘉奖。

每天计分。当我能够控制自己的不当行为时,我将得到正分。如果我能按照合同好好表现,每半天可以获得1分。只要我集满积分,就可以兑换成合同里我和老师共同拟定的奖励或特权。

我们同意遵守合同。

学生: 大卫·莫里斯

教师: 凯萨·阿比亚蒂

校长: 泰瑞·迈耶斯

父母: 辛迪·莫里斯

表 5.15　中学生行为合同样本

我,亚拉·派克,在学校里调皮捣蛋。我的破坏行为包括以下几点:
- 每当我从户外活动回来,总会扰乱那些在教室里认真学习的同学。
- 每当我上课走神被老师点名时,我总会跟老师争执。

这些不当行为必须停止。为了停止这些行为,我将做到以下几点:
- 安静地走进教室,不去干扰其他同学。
- 进教室时,直接回到自己的座位上,最大限度减少与其他同学的眼神接触。我会尽快拿出自己的学习资料并进入学习状态,尽量不去打扰其他同学学习。
- 如果老师批评我,我将积极回应并承认自己的不足,不再与老师发生争执。

如果我没能停止不当行为,我将接受以下惩罚。
- 第一次:接受口头警告。
- 第二次:与老师私下谈话15分钟,讨论我的不当行为以及如何进一步改正。
- 第三次:打电话回家告知父母我的表现以及改正计划。
- 第四次:与校长和老师谈话,制订进一步的惩罚措施和改正计划。
- 第五次:至少停课三天,打电话回家告知父母,在复课之前重新制订出改正问题行为的计划。

如果我能够改变我的行为,就能获得奖励。这些奖励包括:
- 连续 5 天表现良好就可以享有自由活动时间。
- 连续 10 天表现良好就可以在科学实验室帮忙。
- 如果续续表现良好,就可以在视频制作室呆三个小时,帮忙制作每周新闻视频。

续表

> 我们同意遵守合同。
> 学生：__亚拉·派克__
> 教师：__林恩·博伊尔__
> 校长：__穆罕默德 Z·B.哈利姆__
> 父母：__安德鲁·派克__

与学生家长有效合作，共同纠正学生的问题行为

老师在处理表现出破坏性问题行为的学生时，学生父母（或监护人）是老师的最佳盟友。很多时候，当你和学生家长谈话时，你会发现他们正在家里处理着类似的问题，也正在为如何纠正学生的行为问题而感到焦头烂额。在你考虑如何与家长进行沟通时，有几点是不容忽视的，下面将具体说明。

与家长沟通

在与学生父母或监护人合作时，必须建立起和谐一致的密切关系。你可以运用以下策略，与家长建立起良好的合作关系。

▶在年初召开家长咨询会：与传统家长会不同，家长咨询会的目的不在于提出学生身上存在的问题，而是着眼于从家长那里了解更多学生的情况。许多学校正在重新安排他们的教学日程，以方便

老师及早举行这样的咨询会，从父母那里收集学生信息。通过交流，老师可以了解到家长对于自家孩子的优势、需求等方面的看法以及家长自身的教育经验。这种以信息咨询为目的的家长会，有助于老师与学生父母建立起有效的合作关系。

▶打电话告诉家长好消息，传达关于学生的积极信息：你可能并不是第一个处理这个学生的问题行为的人。学生的父母或许已经连续好几年从学校接到关于孩子的负面评价。对于那些有可能捣乱的学生，老师要未雨绸缪，在他们惹麻烦之前先和他们的家长沟通。提前沟通联系，防患于未然，更有利于建立长久良好的家校关系。

▶与家长沟通时，尽可能为学生考虑：家长都希望儿女成才。即便是谈论学生问题，你也要处处为学生的发展着想，家长会明白你的良苦用心。

▶当父母对孩子存在的问题表现出关注时，老师要设定谈话框架，将对话重点放在主要问题上：设定谈话框架是维持谈话不跑题的一种有效途径，同时也能让家长明白你的目的是成功解决问题并建立良好的家校合作关系。比如，你可以这样设定谈话框架："我们来谈谈你儿子表现方面的一些问题，以及我们该如何共同努力解决它们吧。"或者"我知道过去出现过很多问题。我们先关注需要家校双方共同努力才能解决的三个主要问题吧。其他问题我们先拟订一个计划，以后再逐步解决"。让父母知道谈话范围可以使谈话更有效、不偏题。着手处理棘手的问题时，你应该创设出一种和谐统一、齐心协力解决问题的合作氛围，那或许是这些家长久违了的交流方式。

▶不要贸然中断或反驳家长的观点，充分听取家长的意见：许多时候，老师并没有认真倾听学生父母或监护人的谈话内容，这会使他们产生挫败感并建立自我防御机制。你应该充分听取家长的意见，然后再提出自己的看法或建议。这样做可以让家长觉得你对他们的话感兴趣，但同时也有自己的观点。

问题行为发生时，电话通知家长

大多数时候，电话是与家长和监护人沟通最便捷有效的方式。但电话交流可以是非常高效的，也可以是消极低效的。当你需要跟家长电话沟通时，应当注意以下几点：

▶策略性地使用电话：不要每次一遇到问题拿起电话就打。你可以等到下班时间或是家长到校接孩子回家时与他们进行沟通。有些家长在工作时间不能接听电话，所以你要相应地调整打电话时间。

▶尽量让学生自己将行为表现的基本信息传达给父母：这种处理方式效果很好，因为父母可以直接从自己孩子的口中得知发生的事情。如果父母有任何负面反应，孩子将第一个听到。实施此策略时，在与家长实际联系之前，你要与学生预先交流将要在电话里谈及的内容。让学生知道你需要与家长沟通，并传达相关信息。同时，你也要帮助学生排演一下该如何向父母做出交代，以消除他们的紧张感。

▶给家长打电话时，设定谈话框架：让家长知道你打电话的目的以及你希望通过此次交流达到什么样的效果。

▶与家长交流你已采取的处理方式或者你计划在学校如何去处理：告诉家长你的处理结果，而不是要求家长去解决问题，既能体现出你身为人师的责任感，又能增强家长对老师的信任感。如果你还没能解决，打电话告知家长，约定见面交流时间，共同商讨解决问题的方案。

▶避免为电话联系而抱怨或因孩子的错误责备家长：这样的行为会使人产生自我防御，使彼此的交流陷于消极状态。学生在校的表现已经超出了父母可以控制的范围，没有家长愿意因此受到指责。真诚亲切，始终保持专业，才能与父母建立起良好的合作伙伴关系。

▶电话内容简明清晰：在你打电话之前，写下你想要解决的主要问题，以便你保持专注，把握要点。家长也很忙，他们希望你在传达信息时能切中要点。当通话快结束时，确保家长知悉发生了什么以及结果会怎么样。你可以制订一个计划，连续跟进几天，以评估事情的进展是否符合预期。不断调整完善，制订出更为全面的合作计划以帮助学生纠正问题行为。

▶在电话结束时,感谢家长抽出时间耐心交流,并提醒他们长期目标:比如,你可以这样说:"谢谢你抽出时间。相信通过我们双方合作共同努力,一定能够帮助米歇尔控制不良行为。"你要让家长知道你很感谢他们的配合,并认为他们的协助将有助于改变学生的行为。

下面让我们来看看小学老师杰卡拉(Jaquana)是怎样就学生的问题行为与家长进行沟通的。

杰卡拉的学生考特尼(Courtney)制造了一点麻烦。在与考特尼交流之后,考虑到问题的严重性,杰卡拉觉得应该与考特尼的父亲比尔电话沟通一下。杰卡拉告诉考特尼将要给他的父亲打电话,考特尼因此显得非常紧张。杰卡拉把需要与家长谈及的内容告诉考特尼,并帮助考特尼排演该如何向父亲交代。

杰卡拉拨通电话。

杰卡拉:你好,史密斯先生。我是考特尼的老师埃瑞拉女士。今天过得好吗?

比尔:很好。有什么事吗?

杰卡拉:考特尼今天在课堂上制造了一点麻烦,我认为我们应该给你打个电话沟通一下。我想让你知道发生了什么事情,以及我和考特尼协商决定的处理方式。

比尔:好的。

考特尼:你好,爸爸,今天上课的时候,我非常生杰里米(Jeremg)

的气。于是我拿走了杰里米的作业本并且把它撕掉了。

比尔:好的,你为什么要那么做?

考特尼:我不知道,我想我只是一时糊涂。我和埃瑞拉老师已经商量出了一个解决计划。我会给杰里米写一封道歉信。因为杰里米又要花时间重做作业,我会帮助他弥补耽误的时间。另外,我给埃瑞拉老师写了一份保证书,保证这样的错误以后不会再犯。晚上我会把保证书带回家。

比尔:谢谢你告诉我这些,发生这样的事情我有点失望。你知道这不是我们家解决问题的方式。等我晚上回家后我们再详谈。

考特尼:我知道,真的很抱歉打扰你。埃瑞拉老师想要跟你谈谈。

杰卡拉:我想我跟考特尼之间已经谈妥,但是我认为此事也应该让你知道。她说她那样做只是因为太生气了。考特尼跟我一起制订出了改正方案,这一点令我感到欣慰,希望这样的事情不会再发生。谢谢你抽出时间耐心倾听,共同帮助考特尼纠正不当行为。如果出现其他问题,我一定会通知你的。希望你今天接下来的时间过得愉快!

通过这个例子,你可以看到杰卡拉如何进行电话沟通以及如何让考特尼参与交谈。因为杰卡拉和考特尼事先写下了需要谈及的要点并且让考特尼排演了谈话内容,所以电话交谈时能有效沟通且重点突出。

建立家校合作关系

如果能有效利用父母和监护人这一资源，他们可以在纠正学生问题行为时起到关键作用。大多数情况下，在实施行为管理计划的过程中，父母和监护人能提供非常有帮助的信息和经验。在建议父母在家采取某种后续措施之前，你需要考虑以下几个因素：

▶父母在家处理问题的时间。

▶父母的行为管理技巧。

▶父母可以与孩子一起相处的时间。

▶父母对老师、对校方的协作态度和支持程度。

▶问题行为的严重性和强度。

▶问题行为的数量。

▶父母过去在处理问题行为方面的经验，包括他们曾经采用过的解决策略。

▶对于需要处理的问题行为，老师和家长在认识上是否一致？父母是否认同孩子表现出来的行为存在问题？

▶实施自己的计划来解决问题，但如果父母不同意或不支持你，不要觉得被冒犯。

▶父母对问题的关注程度。有些家长可能自身就存在着跟学生一样的需要改善的问题行为；有些父母有自己的事情要处理，他们可能没有心力关注孩子身上出现的问题；有些父母事务繁忙或者忙于管理家中其他孩子，没有精力再来解决这个孩子的问题。不要因为得不到家长的支持或者他们对孩子身上的问题漠不关心而懊恼，要能理解家长的难处，保持宽容的心态。有必要的话，好好计划下如果得不到家长方面的支持，你该如何依靠自己的力量来解决问题。

请记住，管理学生的问题行为对于学校专业人员来说往往比父母更容易。事实上，你可能还需要指导家长，让他们懂得如何去解决孩子的问题以及在家里如何配合学校跟进。

那么，父母在家应该如何管理学生行为以配合学校管理呢？具体策略如下：

▶协助家长制订计划以跟进你正在学校实施的处理方案：如果你可以找到某种方式，让父母和你专注于同一行为，那将是非常有效的。虽然你不能解决在家里发生的事情，但你和家长共同的关注会使学生明白老师和家长是站在同一战线的。

▶要求家长定期提供学生的行为管理表、卡片或合同的反馈：通常这种参与需要父母与孩子多沟通，谈论孩子每天在校的表现以及事情的进展。要求家长谈谈他们与学生在家的互动，以确保你和家长都在采取着相同的方式解决问题。

▶鼓励家长记录交流日志：父母根据孩子的行为管理计划，在日志里跟踪记录与孩子进行的对话。家长可以在沟通中寻找孩子的行为模式，在跟老师和校方会面时提供日志以供参考，共同讨论事情的进展。

▶安排定期沟通以关注计划的实施：你应该定期通过电话、会面或电子邮件等方式与家长沟通，以确保计划顺利进行。

与家长制订合作计划时，要明确指出你想要学生改变的行为，定期沟通，及时跟进，明确成功的目标。与家长合作有益于解决问题，你可以从中受到启发，并使计划朝着积极的方向进行。

小结与反思

在这一章里，我们讲到了如何明确学生的问题所在，制订相关解决方案，签订纠正行为的合同，与家长协商改进计划等实用方法和策略。

在你回顾本章的内容时，请花几分钟时间回答以下问题。

▶课堂中的一些常见问题行为是什么？你可以使用什么策略来帮助学生避免那些教室中最常见的问题行为？

▶行为合同中应该包含哪些条目？行为合同如何帮助学生控制自己的破坏性行为或问题行为？

▶为什么在干预学生的行为之前，明确学生的具体问题是什么很重要？

▶在处理孩子的问题行为时,哪些策略可以让父母积极主动地参与其中?

在下一章中,我们将重点关注课程管理,以及新教师该如何围绕教学标准和教学目标来设计教学。

第六章　课程管理

　　马文(Marvin)，一名中学新老师，正在为下一单元所要教授的内容积极准备。为了备课充分，马文查看了课程教学指南，了解了这个单元学生需要达成的学习目标。在备课过程中，马文与同事交流探讨，看看他们在教学过程中是否已经发现了学生在接收本单元知识时存在的困难。这样做可以帮助马文更清楚地根据自己班上的情况把握教学重点和难点。在编写教案时，马文将学生需要达成的学习目标详细列出。他明白让学生知道学习内容以及如何达成学习目标是很重要的。

　　在这个实例中，马文从学生实际水平出发，因材施教，使教学切合学生实际。他以州立或学区课程标准为重心，既面向全体又分层次提出要求，灵活处理教学内容和方法。这样做可以使处于不同学习水平的学生最终都能达成学习目标，掌握该学科或学习阶段的重难点。马文通过让学生明确学习目标，帮助学生了解需要掌握些什么知识，对于学习效果有一定的预期，这就使学生能够合理安排时间和精力，最终成功掌握它。

如果你想成为一名成功的新老师，管理好课程是一项重要的技能。起初，你可能会觉得围绕课程标准和学习目标设计教学有些困难。为此，你需要了解课程标准的概念以及如何利用课程标准指导你的教学；你需要明确学习目标和重难点，并认识到备课的重要性。你需要总体把握单元涉及的知识点以及这些知识点在本单元中该如何进行教学。

明确课程标准的概念及其重要性

在美国，规范学生学习内容，衡量学生学习结果的准则被称为课程标准。课程标准分别对特定年龄阶段的学生在相应学科领域里应该掌握的知识和技能做出了明确规定。其制订以事实和研究为依据，具体而清晰。（译者注：该课程标准与国内所说的课程标准不同：通常国内的课程标准包括课堂教学目标、课程内容、课程实施与课程评价等方面，但这种标准只涉及学生应该达到的目标。）它专注于学生在不同学习阶段应该掌握的知识内容或者技能发展水平，不涉及具体的教学方法和评价策略，在具体的教学内容、实施等方面给予学校教师自主权。教师可以根据班上学生的个性及发展水平，选择有效的教学材料以及设置有针对性的课程，充分发挥教学的自主性，促进学生的发展。节选自《共同核心州立标准（英语）》中"英语语言艺术标准"（以下简称CCSS.ELA）对六年级写作能力的要求为例，见表6.1。

表6.1 《共同核心州立标准（英语）》样本

CCSS.ELA－写作标准.W.6.2
通过选择、组织、分析资料，写告知性或说明性的文章来介绍某个主题，表达观点、概念和信息。

CCSS.ELA－写作标准.W.6.2a
介绍某个主题，使用下定义、分类别、比较、对比和诠释等方法把观念、概念、相关信息进行逻辑归类；为了有助于加强理解，可以使用特殊格式（如标题）、图表（插图、表格）和多媒体。

CCSS.ELA－写作标准.W.6.2b
用事实、定义、具体细节、引用或其他与该主题相关的信息和例子来发展主题。

CCSS.ELA－写作标准.W.6.2c
采用适当的过渡来阐明观点、概念之间的联系。

CCSS.ELA－写作标准.W.6.2d
用准确的语言和某领域的专业词汇做报告或解释某个主题。

CCSS.ELA－写作标准.W.6.2e
确立和保持正式文体风格。

CCSS.ELA－写作标准.W.6.2f
对所呈现的信息和说明对象做出总结。

来源：全美州长协会最佳实践中心　首席州立学校官员理事会，2010

译者注：何为《共同核心州立标准》？2009 年 7 月，奥巴马政府宣布"冲向卓越"（Race to the Top）计划。2010 年 6 月，作为联邦政府"冲向卓越"计划的支持项目，《共同核心州立标准》（Common Core State Standards，简称 CCSS）由全美州长协会（National Governors Association，简称 NGA）和首席州立学校官员理事会（Council of Chief State School Officers，简称 CCSSO）共同发布，标志着美国统一全国课程标准的教育改革迈出突破性步伐。该标准旨在统一美国 K—12 年级（幼儿园到高中）课程标准，以确保学生做好"升学和就业的准备"，从而提升美国的国际竞争力。

课程标准可以分为校级标准、学区标准、州级标准、国家标准。截至本书完稿之日，已经有 42 个州、哥伦比亚特区和 4 个美属领地以及美国国防教育活动部采纳了《共同核心州立标准（2015 版）》。明确的标准有助于你清楚地把握每个学年的教学任务。大多数使用《共同核心州立标准》的教师都利用它来指导自己的单元、课时和教学评价的规划。学生也可以根据标准进行自我评价。

明确教学目标和学习目标

教学目标是对特定课程目标或短期目标的具体描述。教学目标专注于课程水平和特定课程内将发生的教学行为。它必须详细说明教师在教学过程中将要讲授的内容、教学方法和评价方式。教学目标的特点是侧重于教师以及教师将如何帮助学生学习。它能够指导教师，帮助教师衡量学生是否达到特定课程的学习要求。表 6.2 展示了与表 6.1 对应的教学目标。

表 6.2 《共同核心州立标准(英语)》样本

CCSS.ELA－写作能力.W.6.2

通过选择、组织、分析资料，写告知性或说明性的文章来说明某个主题，表达观点、概念和信息。

教学目标

这些目标可以分成三个单独的课程，也可以在同一课程中实施。

1. 在学习完一篇有效说明文的组成要素后，学生能够根据评分指南，在教师所提供的范文里，100%准确地找出这些主要组成要素。
2. 在说明文写作的指导课程后，学生将选择一个主题，100%熟练地利用主题选择标准，清楚地描述主题，并根据课堂上提供的评价量表，展开清晰的主题分析，完成说明文介绍性段落的写作。
3. 回顾说明文应具备的组成要素之后，学生能够利用上节课提供的评价量表，检查和编辑自己的写作内容。

来源：全美州长协会最佳实践中心 首席州立学校官员理事会，2010

表 6.2 中的三个教学目标指明了教师对学生学习结果的衡量标准。这些目标将课程标准细化为更小更利于指导的过程。它们非常具体，提供了需要教学的明确内容。同时也给教师提供了衡量或评估学生是否达成学习目标的具体方式。完成这些具体教学目标有助于帮助学生在学习能力水平上达到更高的标准。学习目标描述了学生将在课程中学到什么，以及完成该课程学习后该如何展示学习

成果。学习目标是否合理，关键在于能否帮助学生把握学习重点。表 6.3 是与表 6.2、表 6.1 对应的学习目标。

表 6.3 《共同核心州立标准(英语)》样本

CCSS.ELA－写作能力.W.6.2

通过选择、组织、分析资料，写告知性或说明性的文章来说明某个主题，表达观点、概念和信息。

学习目标

这些目标可以分成三个单独的课程，也可以在同一课程中实施。

1. 在学习完一篇有效说明文的组成要素后，学生能够根据评分指南，在教师所提供的范文里，100%准确地找出这些主要组成要素。

   ◆学生学习目标：今天，你将学习到如何写作说明文。在课程结束时，你应该能够根据我所提供的评分指南在范文里找出写作重点。

2. 在说明文写作的指导课程后，学生将选择一个主题，100%熟练地利用主题选择标准，清楚地描述主题，并根据课堂上提供的评价量表，展开清晰的主题分析，完成说明文介绍性段落的写作。

   ◆学生学习目标：在这节课里，我们会复习说明文的写作要点，然后你要写一篇说明文的起始段落来展示你所学到的知识。

3. 回顾说明文应具备的组成要素之后，学生能够利用上节课提供的评价量表，检查和编辑自己的写作内容。

   ◆学生学习目标：昨天，你写了一篇说明文的起始段落。今天，你要检查你的文章，编辑和完善它，使其符合评分指南的标准。

来源：全美州长协会最佳实践中心　首席州立学校官员理事会，2010

制订教学目标和学习目标

现在你已经明确了教学目标和学习目标的概念，那么是时候制订它们了。如果你在较大的学校或部门任职，或者你跟同事以教学小组的方式合作教学，那么你就可以跟大家一起共同完成这项任务。你们可以一起规划教学内容范围、教学目标和学习目标，以发展部门或年级的总体水平。如果你并未跟人合作，那就需要你自己来制订目标。在制订教学目标和学习目标时，你应该完成以下几步：

1.回顾所教单元或所教内容的课程标准。

2.确定达到课程标准需要完成的具体任务。

3.确定每节课你要达到的教学目标和学生要达到的学习目标。

4.格式化教学目标，使其达到标准。一个完善的教学目标包括四个部分：

a.学生的学习行为——学生将如何表现或展示他们的学习成果。

b.学生的具体表现——学生要展示的具体内容或技能。

c.学生的展示条件——学生展示学习成果的具体方式。

d.学生的达标水平——学生需要达到何种水平才能表明他们已经掌握了所学内容。

5.格式化学习目标,使其达到标准。(它描述了学生将要学习的内容,用学生易于接受的方式指导学生展示学习成果。)

图 6.1 展示了教学目标的四个组成部分。

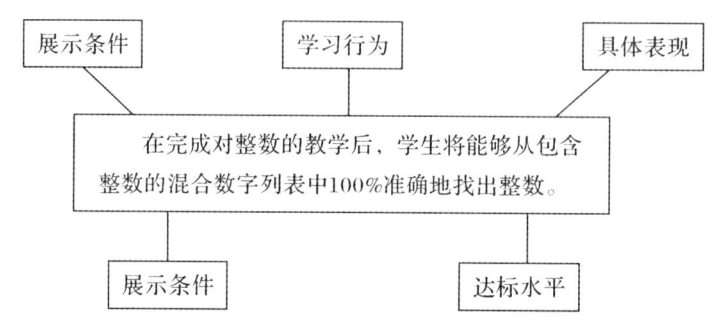

```
展示条件        学习行为        具体表现
        ┌────────────────────────┐
        │ 在完成对整数的教学后,学生将能够从包含 │
        │ 整数的混合数字列表中100%准确地找出整数。│
        └────────────────────────┘
展示条件                        达标水平
```

图 6.1　教学目标的四个组成部分

从图中可以看出,学习目标的各项相互融合,并不是界限分明的独立存在。作为一个成长中的新老师,在你制订教学目标时牢记这四点将使你受益匪浅。利用表 6.4 中的模板来帮助你制定教学目标。

表 6.4　学习目标制定简表

说明:你可以利用该模板来帮助你制定教学目标。请记住,教学目标的作用是指导你完成教学工作。
1.列出本课程的教学标准。 CCSS.ELA-**写作能力**.W.6.2 　　通过选择、组织、分析资料,写告知性或说明性的文章来说明某个主题,表达观点、概念和信息。

续表

2.列出教学过程中你要关注的具体学习目标。

　　这节课的教学重点是完成教学标准细分下来的子任务。要求学生运用给出的评分标准,识别样本文章中的话题构成、主要观点和信息。学生要能识别这些信息,才能最终创作出包含这些要素的文章。

展示条件	学习行为	具体表现	达标水平
运用评分标准	识别	识别主要信息	100%的准确率

3.确立了学习目标的四个组成部分之后,归纳如下:

　　学习了说明文的写作要素之后,学生能利用评分标准,在老师提供的样本文章中,识别主要信息,并达到100%的准确率。

来源:全美州长协会最佳实践中心　首席州立学校官员理事会,2010

规划和实施单元教学计划

　　大多数成长中的新老师很快就明白了规划和实施单元教学计划的重要性。单元计划是将复杂的内容和形成性评价标准拆分成小的中长期计划。单元计划通常包括学生学习结果(教学目标和学习目标)、检验学生学习结果的方式、该单元教学内容综述、完成本单元教学内容所需课时,以及该单元需要使用的教学资源。

　　单元计划可以在几周到几个月里实施,具体取决于所教内容的复杂性。单元计划可以基于教学内容、学术主题或者其他对学生有意义的知识。老师可以在自己班上单独实施,也可以跟其他老师分享计划，共同实施。

要有效制订单元教学计划，你必须做好充分准备。计划应考虑到该单元的方方面面。首先确定该单元的教学目标，重点应该放在教学内容上，还是侧重于学习过程？然后，教师要确定教学和练习的内容。单元学习计划还应包括学习目标、学习结果和学习重点。最后，教师还要做好细节规划，比如评价方式、可以运用的教学资源、单元课时长度等等。

单元教学计划可能听起来很复杂，很难规划，但利用模板或制订流程会帮助你将所有必要步骤化零为整，构建一个连贯有趣的单元。

表6.5是单元计划模板，可辅助你完成该任务。

表6.5 单元计划模板

单元标题：	
单元长度：	适用年级或主题范围：
1.明确本单元课程标准。	
2.列出本单元教学目标和学习目标。必须包含学生要掌握的学习重点和学习目标，以使学生在教学结束后能够达到课程标准的要求。	
教学目标	学习目标

续表

3. 运用形成性（进行中的）评价，在整个单元的学习中定期评价学生的学习状况。
   ◆ 勾选出你将在本单元教学中采用的方式：
   □ 日常记录
   □ 课堂讨论的笔记
   □ 学生讨论和个人谈话
   □ 测验
   □ 随堂测试（每节课后教师随机提问，学生将答案写下来上交给教师后再离开）
   □ 定期记录、学习日志
   □ 任务表现
   □ 个人和小组任务
   □ 对写作提示的运用
   □ 学生作业情况档案
   □ 管理记录
   □ 其他
   ◆ 在具体实施过程中，你该如何使用形成性评价信息来调整你的单元教学？

4. 勾选你计划使用的各种学习方式，帮助学生掌握重点知识、达到学习目标。
   □ 开展讲座，让学生参与讨论
   □ 查阅网络信息
   □ 促进式教学——学生通过书籍或网络查阅相关内容，提出问题供课堂讨论
   □ 自主阅读

续表

□融会贯通所阅读的文章和信息
□小组讨论
□学生展示学习成果
□案例研究
□学生概述主要学习内容
□学生提供问题的书面回答
□作业、任务

5. 你计划在本单元教学中以何种顺序安排教学内容、教学目标和学习目标?

a._____

b._____

c._____

d._____

e._____

f._____

g._____

h._____

i._____

j._____

k._____

l._____

续表

6.在整个教学过程中,对学生的学习结果定期进行总结性评价。 　　◆勾选出你将在本单元教学中采用的方式: 　　　　□日常记录 　　　　□课堂讨论的笔记 　　　　□学生讨论和个人谈话 　　　　□测验 　　　　□随堂测试(每节课后教师随机提问,学生将答案写下来上交给教师后再离开) 　　　　□定期记录、学习日志 　　　　□任务表现 　　　　□个人和小组任务 　　　　□对写作提示的运用 　　　　□学生作业情况档案 　　　　□管理记录 　　　　□其他 　　◆在具体实施过程中,你该如何使用总结性评价信息来调整你的单元教学?
7.你对本单元教学效果的总体印象如何? 8.哪些方面进展顺利? 9.哪些方面有所欠缺? 10.下一次教学中,哪些有待改进?

备课

　　成功的新老师要能够得心应手地备课授课，帮助学生理解掌握知识点，教学过程中能吸引学生注意力，适当配合练习，最后还要适时跟进以检验学生是否已经掌握了所学内容。作为一名成长中的新老师，请将以下几方面纳入你的课程。

　　▶热身练习或其他活动，让学生参与到学习中来：这有助于学生进入学习状态，帮助学生将思维模式从一节课调整到另一节课。

　　▶讲明学习重点、学习目的或课程标准：让学生了解需要学习掌握的内容以及课程结束后要达到什么样的标准，这一点很重要。

　　▶阐述课程的基本原理：学生不仅要掌握所学内容，还应该明白为什么要学习这些内容。

　　▶介绍学习资料、内容或过程：确保学生积极参与学习，而不是被动地接收信息。

　　▶检查学生对所学内容的掌握情况：如果课程内容是后续学习内容的基础，那么定期检查学生掌握情况至关重要。

　　▶鼓励学生运用所学内容或方法：在学习新知识的第一阶段，学生可能会觉得有些不确定。当他们尝试运用新知识时，要为他们提供帮助。

　　▶创造机会让学生独立运用所学内容或方法。最后，到了学生独立运用所学知识的时候。方式包括家庭作业，形成性评价，课后小测试，等等。学生必须独立完成这些任务，或者在小组中练习他们所学到的知识。教师可以通过分析这些任务反馈的信息，来决定下一堂课的教学内容和方式。

表 6.6 是一个完整的课程计划模板。有些组成部分与单元计划模板（表 6.5）相同。课程教学是单元教学的一部分。正是因为它们之间的关系如此密切，所以制订课程教学与制订单元教学有重合的地方。

表 6.6　课程计划模板和示例

说明：使用以下模板来帮助你制订课程教学计划。	
1.在下表中列出你的教学目标或学生应该掌握的重点内容。然后，将这些教学目标转化为学习目标，告知学生。	
教学目标	学习目标
在学习了说明文的写作要素之后，学生将能够利用评分指南在老师提供的范文中 100% 准确地确认各要素。	今天，你将学习到如何写作说明文。在课程结束时，你要能够根据评分指南在范文里找出写作要素。
2.开始上课时陈述引入部分或开展热身活动，吸引学生注意力。 　　所有同学都到齐后，把一篇说明文的范文投影在屏幕上。要求学生阅读这篇文章并且结对讨论这篇文章好在哪里。学生发表完看法后，我会问："有多少同学想要了解如何向读者提供更清晰的信息？"学生举手示意之后，我会告知大家这个单元的学习目标。	
3.在下表中，明确你的教学内容、教学步骤以及学生的具体学习方式。	

续表

教学内容和教学步骤	学生的具体学习方式
• 我将提出优秀说明文的五个标准。 • 我将提供一个评分指南,其中包含优秀说明文的五个标准。	• 我将在投影仪上列出五个标准。在我告诉学生这五个标准之后,我会请他们小组讨论并发表见解。 • 采用与上述相同的策略。

4.列出你要求学生开展的活动和思考的问题,评估学生对所学内容的理解。

  我将听取小组关于优秀说明文五个标准的讨论。我将随机抽取学生就其中一个标准发表看法,直到五个标准逐个讨论完毕。我会给学生一个写作要素表,要求他们口头判断这些要素是否在我之前呈现的五个标准之中。

5.列出你将采取何种方式让学生实际运用所学内容和方法。

  我将把学生分成三组。给每个小组一篇说明文,要求他们分别根据五个写作标准在文章中找出相应的要素。所有小组都完成后,我会要求每个小组进行展示。

6.列出你将布置的任务或作业,让学生应用所学内容。

  给学生提供两篇说明文,要求他们在文中找到并勾画出说明文写作的五个要素。

  通过上表,你可以看到,老师在规划课程的各个组成部分时,采用了清晰简明的叙述;热身活动也紧扣教学目标;此外,如你所见,尽管模板对每个教学实施过程都做了详尽要求,但老师仍然可以自由地对活动进行个性化设计。 在你备课时,这样的课程计划应该对你很有帮助。 如果你认为在计划中还需要加入更多具体细节,请自由处理。 一位成功的新老师很快就能懂得如何高效地规划课程,确保突出教学重点,有效地帮助学生学习和发展。

第六章 课程管理

小结与反思

在这一章中，你了解到了备课时如何规划教学内容和课程的重要信息。我们集中讨论了教学目标、学习目标、单元教学计划和课程规划，因为这些是培养新老师的关键领域。

当你回顾本章时，请花几分钟时间来思考以下几点：

▶明确"课程标准"的含义，并解释为什么课程标准对你的教学如此重要。成功的新老师如何使用课程标准来规划教学？

▶教学目标与学习目标有何区别？为什么在教学过程中要重视教学目标与学习目标的实施？

▶制订单元教学设计的关键步骤有哪些？

▶为什么先要检测学生对所学内容的理解情况，然后再让学生独立练习？

▶作为新老师，你该如何确保学生掌握课堂内容并跟上教学进程？

如果一位教师不懂规划课程，他就不能保障学生获得发展，学有所获。不合理的课程规划会让新老师陷入困境，也是学校负责人最为担心的领域。你在这一章中学到的这些基础知识，可以让你有一个好的开始，最终成为一名出色的新老师。在第一年的教学中，你需要花些时间与你的指导老师、备课组长、部门主管或其他相关人员进行交流。他们可以帮助你建立起自己的教学知识基础体系，并对你的课程实施方案提出建议。

在下一章中，你将学习到完整的评价策略。通过这些策略，你可以衡量自身教学的有效性，检测学生的学习成果。

第七章 综合评价

  杰可(Jaco)是高中社会学老师,他正在进行有关《美国宪法》的单元教学。在其中一节课上,杰可展示了前五个宪法修正案的相关信息。展示之后,他让学生分成小组,讨论这些修正案对当今世界的影响。当小组进行讨论时,杰可在教室里来回走动,听取学生的看法,监督学生的进展。课程将要结束时,杰可给每个学生分发了课末随堂测试卡。每张卡上设置了一个问题,让学生简要总结他们对修正案的了解。他要求每个学生对卡片上的问题进行回答,然后在离开时交给他。

  放学后,杰可查看了这些卡片,记录了学生的回答。通过分析,大多数学生达到了他所提出的学习目标。杰可也注意到仍然还有少数学生没有完全理解学习目标要求掌握的内容。他必须在第二天设计一个活动来帮助这些学生回顾所学内容,以确保学生全部掌握。课末随堂测试卡帮助杰可收集了形成性评价需要的信息,用以协助推进教学进程。

在这个实例中，我们看到杰可使用了非正式的形成性评价，以此收集相关信息来评估学生达到的学习水平。利用这些信息，他既要决定如何促进已经掌握了教学内容的学生进一步学习，又要决定如何帮助那些需要更多时间和额外指导的学生。想成为一名出色的新老师，你需要理解并实施有关学生评价的基本思想和策略，这一点很重要。在当今的教育环境下，教师应该帮助学生学习成长，为学校的整体发展做出贡献。在这些基本评价策略中，你的工作重点是收集学生学习状态的反馈信息，以帮助你了解学生的知识掌握水平和能力发展水平。你还可以利用更多总结性或标准化的评价来衡量学生的整体学术水平发展是否达到了地区、州或者国家标准。

评价的基本知识

成长中的新老师应该懂得如何进行课堂评价。作家理查德·斯蒂金斯、朱迪斯·阿特、让·查普尤、史蒂芬·查普尤提到了两种类型的评价：（1）学习成果评价；（2）学习进程评价。

在学习成果评价中，老师会评估学生对所学知识的掌握情况。这种类型的评价有助于衡量一段时间内的教学效果。在学习进程评价中，老师会对学生进行评估以衡量他们的学习状态。然后，老师将根据评估结果决定哪些方面需要改善、哪些方面需要重新教学，是否需要调整课程进度等。在学习进程评价中，老师要尽量根据学生的实际需求来制订下一步的教学计划。

老师还需要考虑评价内容。你应该把重点放在该课程或该单元的基本知识要点上。这些要点应该很基础，可以是进行后续学习的必备前提，也可以是仅在该课程或该单元里获得的独立技能。

最后，老师还需要考虑评价时机。你要考虑清楚是在进入课程或单元教学之初，是在实施课程或单元教学的过程中，还是在课程或单元结束时进行评价，这一点非常重要。每个评价时机有其各自的优点。比如，老师可能想在进入单元教学之前，先了解一下学生已有的知识水平。了解学生的知识水平有助于教师决定哪些内容需要重点讲解，哪些内容可以略去不提。从学生的实际需求出发，剔除多余的或不必要的内容，老师可以把更多的时间用到重难点的讲解上。

有时候，老师会在教学过程中对学生进行评价，以了解学生对学习内容的掌握情况。这种教学进行中的评价称为形成性评价，它会对教学产生影响。形成性评价的主要目的是改进学生的学习，并为教师提供反馈。教师通过分析形成性评价的结果，发现教学中存在的问题，根据需要采取适当的修正措施，及时纠正偏差或调整教学计划，以获得更加理想的教学效果。

教师在教学活动结束后为判断其效果而进行的评价称为总结性

评价。一个单元、一个模块或一个学期的教学结束后对最终结果所进行的评价，都可以说是总结性评价。一些地区已经制订了所有教师共同实施的总结性评价方式。这些评价有助于测量教学和课程的有效性。教师可以通过单元检测、章节检测、州统考或全国统考的方式来检验学习成果。

本章重点介绍一些评价策略。作为新老师，你可以利用这些策略来促进教学，确保学生达成学习目标。

预测性评价

在第六章中，我们讲了如何进行单元教学规划。在单元教学规划中，我们提到了在单元教学之前对学生进行预测性评价的重要性。预测性评价可以帮助你在课程开始之初了解学生所处的知识水平。只有了解每个学生的基础知识水平，才能更好地满足学生的需求，采取如差异化教学、灵活分组、压缩课程和其他相应措施。你可以与校长、备课组长、指导老师、同事或其他对你有帮助的人合作，确定哪些策略和措施最适合学生的需求。老师应阅读学习目标，然后根据学生需要掌握的内容确定评价内容。老师根据学习目标，设计出需要学生回答的问题或解决的任务，从而了解学生是否理解并掌握了目标要求的知识。

学习目标对预测性评价的内容有很大的影响。比如，通过"预测性评价"，老师发现在即将进行教学的单元里有三个教学目标都是引入该学科和年级的全新内容，学生完全没有相关的基础知识。因此，老师针对这些目标内容进行了拓展铺垫教学，使学生能更好地掌握相关知识。另一方面，有些教学目标几年前就已经学过，并且在其他学科或年级有重复学习。在这种情况下，老师应该为学生创造展示所学知识的机会，这不仅能调动学生的积极性和参与感，还能节省时间，把时间用在其他更困难的学习目标上。作为新老师，你要仔细查看每个单元的教学目标，明确哪些需要进行预测性评价。在确定预测性评价内容时，备课组长、指导考师或同事的意见或许会对你有所帮助。

除了通过预测性评价了解学生的需求和基础知识水平，老师还可以通过预测性评价对学生进行灵活分组。所谓灵活分组，就是根据不同学生的知识水平和技能水平进行分组。这样的分组不是一成不变的，每个小组的成员将根据不同的单元内容、单元技能水平、单元知识水平等产生变动。例如，在某个单元教学中，老师可以根据学生不同的知识水平和接收新知识的能力差异将其分成几个小组。许多老师认为这是有益的，不仅可以提高学习效率，还可以使学生之间的合作效果达到最佳。预测性评价有助于确定初始分组，定期评价有助于教师在教学实施过程中确定是否需要对小组进行调整。

预测性评价的另一个好处是未雨绸缪，在进入新单元教学之前发现学生学习上可能存在的困难。如果预测性评价的结果显示大部分学生对于已经学过的单元都还存在知识欠缺或未达成学习目标，那么教师就需要花更多的时间在这些方面，弥补学生基础技能或知识方面的不足。进行预测性评价有助于你预测并提前处理学生欠缺的知识，然后再进入更复杂的内容。

评价可以采取形式多样的活动和策略，以下列举一些学校里较为常用的方式。你可以结合实际，选择适合班级和你的教学方式的知想学图表。

知想学表

知想学表（以下称KWL表）就是其中一种，它虽然有很多变化形式，但其内容通常涉及三个方面：1.知（K）——我已经知道了什么？2.想（W）——我想知道什么？3.学（L）——我学到了什么？

使用KWL表时，你首先要简单叙述即将学习的单元或课程，向学生提供有关教学目标、教学内容、学习活动等相关信息。然后分发KWL表，让学生填写表格栏1和栏2。表7.1就是一张空白的KWL表模板。

表 7.1　KWL 表模板

我已经知道什么？	我想知道什么？	我学到了什么？

　　学生完成表格后，你就可以将表格收集起来，查看学生的反馈。如果大多数学生反馈说该单元的某些教学内容他们已经学过，那么，你就需要重新调整计划，拓展教学的广度和深度。对于那些学生自认为已经知道的内容，有必要进行更为全面的评价，以确保学生真的掌握了。你可以采用诸如考试、测验、学生作业和作文样本等传统评价方式来收集信息，以帮助学生完成此表的填写。

知想学调查表（以下称 KWL 调查表）

　　通过这种方式，老师可以针对新单元里的知识和技能做一个简短的调查，获知学生对该主题的了解程度。表 7.2 是 KWL 调查表的样本。学生完成 KWL 调查表的填写后，老师将表收集起来，对信息加以分析。这样可以帮助老师规划该单元教学中的重难点。

表 7.2　KWL 调查表模板

单元：＿＿＿＿＿＿＿＿　　预测性评价：＿＿＿＿＿＿＿＿
学生姓名：＿＿＿＿＿＿＿＿
说明：请评价你对第一列中所示内容或技能的了解程度，分别将其评定为：一般、精通、想要进一步学习。

	一般	精通	想要进一步学习
1.＿＿＿＿＿＿＿＿ 学生意见或问题：			
2.＿＿＿＿＿＿＿＿ 学生意见或问题：			
3.＿＿＿＿＿＿＿＿ 学生意见或问题：			
4.＿＿＿＿＿＿＿＿ 学生意见或问题：			
5.＿＿＿＿＿＿＿＿ 学生意见或问题：			
是否有其他你感兴趣的内容或技能没有涉及？请在这里列出。

KWL 轮盘调查

KWL 轮盘调查可以帮助你在新单元教学之前了解学生的基础。这个活动不是为了收集特定的个人信息,而是为了把握班级整体状态。活动的具体操作如下:

1.在纸上以图表形式列出新单元的主要教学目标或学习目标。每张纸列出一个目标。在每个目标下方,左侧写上"我们所知道的",右侧写上"我们想要了解更多的"。将图表纸的数量限制在8～10个,活动效果会比较好。你也可以专注更主要的教学目标或学习目标。

2.将班级划分为四人小组。

3.让每个小组站到一张图表旁,并为每个小组提供一支记号笔。

4.要求每个小组用五分钟的时间讨论各自分配到的目标主题,就"我们所知道的"和"我们想要了解更多的"进行回答。当同学们讨论时,其中一个小组成员在对应栏目下记下组员的意见。每组同学应该在图表下方留出三分之一的空白,这样其他小组同学稍后可以补充他们的想法。

5.在活动进行过程中,老师应该四处走动,倾听学生谈话,查看学生在每个目标下面书写的内容。你在观察的同时也可以分析学生所填写的信息。

6.当大多数小组完成了讨论后,暂停活动,让学生重新集中注意力。 当每个学生的注意力都集中在你身上后,进行如下指示:

- 告诉学生一分钟之后你会播放音乐,当他们听到音乐时,整个小组依次转到右侧的下一个图表。
- 当小组走到下一个图表时,阅读上一组所写内容,并在这个目标下用记号笔添加上至少一条本组的意见。
- 告诉学生,当他们再次听到音乐时,继续向右移动到下一个图表。 再次阅读上一组所写内容,并在这个目标下用记号笔添加上至少一条本组的意见。
- 让学生每当歌曲播放时就重复相同的动作。
- 播放音乐。 当音乐开始时,学生顺时针移动一个图表。
- 继续活动进程,直到学生浏览并填写完每个图表。

当所有小组都填写完所有图表时,停止活动,收回学生的注意力,和他们一起讨论刚刚完成的这个活动。 让各小组为自己的想法扩展或添加更多的细节。 学生回到座位后,老师收集好各张图表,并利用图表上的信息来改进你的单元计划。 表 7.3 为 KWL 轮盘调查表模板。

表 7.3　KWL 轮盘调查表模板

目标 1	
我们所知道的	我们想要了解更多的

预估测试

在预估测试中，要求学生回答一些具有代表性的问题。学生可以通过解答这些问题来表明自己的知识水平。如果学生很好地回答了这些问题，说明学生已经掌握相关知识，老师就不需要再在单元教学中进行教学。学生能够解答的题目数量会因预估内容的难易程度而异。有时候，学生可能只需要回答少量问题，而在更复杂的领域，学生可能需要回答一大堆问题。

在设计预估问题时，你可以咨询同事、备课组长或指导老师。你也可以在教师用书或教参上寻找合适的预估问题和预估材料。

形成性评价

新老师可以在教学过程中采用各种各样的活动来评价学生的学习状态。以下是形成性评价的策略，它会对教学产生影响。

退场券或下课通行证

退场券或下课通行证是在课程结束时收集学生学习成果信息的好方法。具体操作如下：老师在课程将要结束时向学生提出一个问题，并给每一位学生分发一张用来回答问题的纸条。下课时，学生将写有问题答案的纸条递交给站在门口的老师，老师将纸条收集起来，只有上交纸条后学生才能离开教室。这些纸条就是退场券或下课通行证，它是学生"离开教室的门票"。老师应向每个递交纸条的学生致谢。

通过查看这些退场券或通行证，你可以了解到学生对教学内容的掌握程度。那些熟练掌握所学内容的学生，可以进入到下一个知识点的学习。如果还有学生不太了解所学内容，老师可以找机会重新讲解或复习，以确保全部学生都能掌握。

齐声作答

在这个形成性评价策略中,老师先提出一个问题,然后要求所有学生同时做出回答。 例如,老师先问学生:"美国各州参议院各有多少名参议员?"接着,老师发出指令:"请回答"。 然后,学生一起回答:"两个"。 老师要注意听辨错误的回答。 通过齐声作答,老师很容易判断是否每个人都知道答案,是否有知识点需要再讲一遍。 如果大多数学生都说出了正确答案,但语气听起来并不肯定,那么老师就需要重讲这个知识点。

这个活动可以很快完成,不需要预先准备,并且可以在教学过程中的任何时间使用。 然而,它不科学的地方在于:你很难通过这种方式明确知道谁真正懂了,谁没懂。 如果想获取更详细的信息,你需要采取更具体或者更传统的评价方式。

小组成果展示

老师将班级分成小组,为每个小组分配一部分课程内容。 然后,要求每个小组根据所分内容,在十分钟内设计出演示文稿、小说、歌曲或其他直观方式,以此帮助同学们理解相关内容。 告诉学生,每个小组的成果都要与班里的其他同学分享,以帮助大家学习或巩固所学内容。 当学生准备充分后,给每组约五分钟的时间进行展示。在活动过程中，老师可以四处走动，倾听学生的谈话，明确哪些内容学生已经学习到。

在展示过程中，老师要仔细聆听学生的发言，进一步评价他们对这些内容的掌握程度。每个小组展示之后，请其他组谈论一下他们对该内容的看法。如果学生掌握了主要内容，就可以继续进行下一课的教学。如果学生的理解还有问题，你可以立刻或等到第二天再讲一遍。

但是如果你需要更详细的学习效果反馈，想要确切了解每一位学生的具体学习情况，就应该考虑使用其他评价方式。

随机提问作答

在教学过程中，评价学生学习的另一种简单方法是随机提出问题要求学生作答。需要注意的一点是，你抽选起来作答的学生要具有代表性，才能保证你得到的结果真实反映学生的实际状况。比如，如果抽选起来作答的学生总是那些最先回答问题的学生，你就会觉得似乎全班学生都懂了，但事实并非如此。同样，如果你只抽那些上课经常默不作声或者理解能力较差的学生作答，你可能会假定全班同学似乎都没有听懂。

以下是随机抽选作答学生的方式：

▶将所有学生的名字写在冰棍棒上（每个冰棍棒一个名字），将所有棒子放在一个容器中，然后一次抽一个名字来回答问题。

▶将所有学生的名字写在纸牌上（每张牌一个名字），洗牌，并一次抽一个名字来回答问题。

▶使用计算机程序或手机应用程序随机选取与每个学生一一对应的数字。选到某个学生的数字后，该学生必须回答问题。你可以将电脑屏幕投影在教室里，使课堂气氛更加活跃。

▶每个学生分配一个数字，掷一到三个骰子。选择与骰子上的数字总和相对应的学生编号来回答问题。每次掷骰子时适当增加或减少骰子的数量，这样可以使大小数字都有概率被抽中。

▶要求每个学生将自己的名字写在一张纸条上。将所有纸条放在容器中，随机抽出一张纸条，要求该学生回答问题。每个问题重复操作该过程。

▶准备一个软的小球。提出问题后，把球抛给一个学生，该学生回答这个问题之后，将球抛回给你。以同样的方式选择学生，直到回答完所有问题。

群体信号

群体信号是一个从大群体里快速收集评价信息的方式。它要求小组同时使用某种信号来回答问题。这个信号可以清楚地告诉你学生是否知道问题的答案。例如，一位老师说："请用你们的手指头告诉我答案，你认为答案是一、二还是三呢？"学生伸出一、二或者三根手指头表示出答案，老师立即就能看到学生是否都已经掌握了该题。

你还可以使用群体信号让学生对问题做出回应，表达赞同、反对或中立的态度。学生可以举手表示赞同，不举手则表示反对。学生可以举手表示赞同第一选项，不举手则表示赞同第二选项。

群体信号还可以用于比较物体大小或时间早晚。比如，老师说："我会说出两个物体，等你们思考一下后，我会问哪一个大，哪一个小。大家用左手表示小，用右手表示大，用手势告诉我答案。"发挥想象力和创造力，群体信号的运用充满无限可能。

如果有学生在回答问题时偷看或者只是附和其他同学，你可以要求学生们闭上眼睛作答，比出自己的手势信号，直到你告诉他们睁开眼睛。这样做可以确保每个学生都真实反映自己的想法，为评价提供更准确的信息。

简要总结

形成性评价的另一种策略是让学生以日记或其他书面形式，写下他们对课程内容或概念的简要总结。给学生一些写作提示，让学生及时回顾所学内容或者让学生陈述自己的收获。学生写完之后，教师将总结收集起来加以分析。这个策略简单易行，不需要花费大量的时间，却能为你提供有关学生学习效果的有效信息。

课堂反馈与应答器原理

教师还可以运用各种各样的电脑分析软件。不少地区已经为教师提供了这些软件作为评价工具。这些软件是教师的得力助手，你可以随时暂停教学进程，询问学生问题，这些软件可以根据学生的回答立即帮你做出评价。有的软件甚至可以为你制作出学生回答情况的表格或曲线图。有的软件还可以记录下每个学生对每道题的作答，没能理解掌握学习目标的学生一目了然，你可以及时为他们提供必要的帮助。

随着科技的不断发展，教室里总会出现与时俱进的令人兴奋的教学工具。有些智能手机上的应用程序还能让学生通过自己的手机回答问题。

白板响应

白板响应是一种有效的非正式的小组回应策略。每个学生分发一块小白板，一支可擦去的记号笔和一个擦板。教师提出问题后，给学生一些时间将答案写在自己的白板上。每个学生都完成后，教师在教室里走动，检查每个学生白板上的答案或者让学生同时亮出白板展示答案。这个策略比较容易实施，可以为教师提供学生学习结果的有效信息。如有需要，教师可以跟进更多的正式评价。

回应卡

回应卡是学生对问题做出回应的有效方式之一。这种卡片可以设置得相当简单，有时只需要包含几个作答选项。你也可以根据实际需要，适当增加更多的信息。

学生将这些卡片放在课桌上或抽屉里，需要回答问题时再拿出来使用。学生或教师都可以动手制作这种卡片。教师还可以给这些卡片压膜，使其更加耐用持久，方便学生反复使用。

实施该策略时，老师提出问题，要求学生作答。学生可以简单地勾出回应卡上的答案，展示给老师。这种方式快捷方便，老师一眼便知哪些学生听懂了（展示出正确答案），哪些学生还没懂（展示出错误答案）。表7.4为回应卡的样本。

表7.4　回应卡样本

1 2 3 4 5 6 7 8 9 10		
	我懂了	
是		正确
	我需要更多讲解	错误
否		
	我没听懂	

彩色标记反馈

彩色标记反馈也是帮助教师获取学生学习结果信息的有效方式。学生可以通过这种方式自行判断所学内容的掌握情况。以下为具体操作步骤：

1.为学生提供所学内容的书面资料或笔记。

2.让每个学生阅读这些资料或笔记，并作出相应标记。

- 用绿色标记已熟练掌握的内容。
- 用黄色标记似是而非的内容。
- 用红色标记疑惑不解或完全没搞懂的内容。

3. 教师在教室里四处走动，查看这些彩色标记，根据总体颜色趋势判断学生的掌握程度。

4.教师要根据这些彩色标记反馈制订相应的改善计划，加强学生对红色、黄色标记内容的理解。你可以采取小组单独辅导或整体教学的方式重新讲授或复习这些内容。

句子小结

在课程结束时，让学生根据下列提示完成句子，可以口头上与学习伙伴交流，也可以采用书面形式。通过这样的方式，可以让学生对所学内容的掌握程度进行自我判断。

▶今天，我学到了……

▶今天，我想知道……

▶今天，我练习了……

▶今天，我觉得……

▶今天，我认为……

▶今天，我没有弄懂……

▶今天，我懂了……

▶今天，我认识到……

考题设计

　　让学生根据所学内容自己设计考题，这是一种在教学过程中评价学生学习的高效策略。教师从学生设计的考题中挑选出合适的题目，用于单元教学结束时的测试。教师可以在考题后面注明出题学生的名字，考题一经采用，学生可以得到学分奖励。这样的激励会使学生更加积极热情地设计考题。

　　如果学生能够设计出合理的考题，你完全有理由相信他已经掌握了与此相关的知识内容。有的老师还会要求学生为设计的考题附上答案，这样做可以进一步证明学生对内容的掌握。

信息热议

信息热议用于收集非正式的形成性评价信息。它非常有效，同时也有助于帮助学生集中注意力。你可以在才开始上课时用这个方法导入课程，或者在课程快要结束的时候使用这个方法复习。操作如下：

1.将全班学生分成两人小组。

2.在每个小组中，指定一个学生为 A，另一个为 B。

3.为学生讲明以下流程：

- 每个人（A 和 B）都有机会不被打断地发表自己的看法，谈论关于这个主题或内容自己学到了些什么，认为哪些是有意义的，等等。

- 第一轮，每个人都有一分半钟的时间自由发表自己的看法或者补充对方的谈话，另一个人不得打断。

- 第二轮，每个人都有 45 秒的时间发表自己的看法或者补充对方的谈话，同样不被打断。

- 第三轮，每个人都将有 20 秒的时间发表自己的看法或者补充对方的谈话，不被打断。

- 第三轮之后，学生 A 和学生 B 总共有 2 分钟的时间进行归纳总结。

4.在这个过程中,教师要把握时间,提醒学生,以保证两个学生都有发言的机会。

5.学生谈论时,教师在教室里四处走动,聆听学生的谈话,弄清他们都学到了什么,掌握了什么。

这个活动最重要的环节就是教师要在教室四处走动认真听取学生的谈话。有的教师会携带笔记本,随时记录在听的过程中发现的问题。有些教师会在听完学生的讨论后,组织全班进行汇报,让学生们共同讨论在活动中的所感所得。

朋友问答

朋友问答是一个用于非正式评价的有效学习策略。该活动要求小组成员在班上找到自己认为能够回答教师提问的同学,并向他们征集答案。操作方式如下:

1.将学生分成 3 人小组。各小组成员坐在一起作为一个团队。

2.各个小组中的成员都要指定一个代表字母。每组应该有一个学生 A,一个学生 B 和一个学生 C。

3.告诉学生,你将向大家提出三个问题,分别为问题 A,问题 B,问题 C。每个学生只能阅读与自己的代表字母相对应的问题。学生 A 只能查看问题 A,学生 B 只能查看问题 B,而学生 C 只能查看问题 C。此时,各小组成员只需要清楚审题,明白题目所问,不需要提供答案。

4.询问学生是否需要教师解释题目。

5.各小组成员读完题目后就可以开始考虑班里哪位同学能够回答这个问题。这个人可以是学生中的任何一个人，排除自己所在小组的成员。告诉学生，你会发出信号示意他们离开座位去寻找那个他们认为能回答该问题的同学。

6.在你发出开始信号后，学生在教室里走动，寻找能够回答问题的人。他们向另一个同学提出问题，记录下对方的回答。第二个同学（为第一个同学作答的学生）可以要求第一个同学回答自己的问题，或者转向另一名同学寻求答案。

7.每个学生都寻找到了答案后，结束这部分活动，要求他们回到各自所属的小组。

8.回到小组后，学生A、B、C分别向小组成员汇报自己收集到的答案。

9.每个成员汇报完毕后，小组成员共同讨论答案的正确性，对其进行修改，直到全组一致通过。

10.每个小组讨论完毕后，你就可以组织全班同学进行集体讨论，从而了解学生对这些问题的理解程度。

这是一个收集形成性评价信息的好方式。学生围绕问题展开讨论时，如果你能在教室四处走动，仔细观察并认真倾听，效果会更好。

散步复习

这个活动不仅有趣，还能帮助教师收集形成性评价信息。具体操作如下：

1. 告诉学生你将开展一个伴随着美妙音乐进行的复习活动。

2. 告诉学生你会播放一段音乐，在播放音乐时，学生可以随意在教室里走动。

3. 当音乐停止时，学生停止走动并就近寻找一位搭档。

4. 学生找到搭档后，你会提出一个问题供搭档之间相互讨论。学生将有一到两分钟的时间讨论，直到音乐再次响起。

5. 音乐再次开始时，学生再次四处走动。在音乐停止时，找到新的搭档。

6. 当学生找到新的搭档后，你会提出新的问题让他们讨论。

7. 按上述方式重复操作。

8. 活动结束时，组织学生集体讨论总结。

该活动旨在收集学生的总体评价信息。如果你需要了解某个学生或某个学习目标更为具体的评价信息，应该采用更正式的或传统的评价方式。

课后评价

本章中的大部分内容侧重于形成性评价。形成性评价是对学生学习效果的反馈，是制订日常或每周教学计划的基础，它为教师不断改进教学进度和内容提供依据。它可以帮助调节和完善教学活动，保证教学目标得以实现，形成性评价的主要目的是改进、完善教学过程。

教学评价需要将形成性评价与总结性评价有机结合起来。当老师需要更全面更细致地了解学生的学习效果时，就需要进行总结性评价。总结性评价是在教学活动结束后为判断学习效果而进行的评价。在一个单元或一个学期的教学结束后对最终效果所进行的评价，也是总结性评价。总结性评价只是一个相对的概念，一个课时或一个单元教学结束后的测验对于这个课时、这个单元来说是总结性评价，但对于整个学期的教学来说，它又是形成性评价。以下是一些总结性评价的方式。

▶地区性自主考试：地区性自主考试可以就学生的学习效果进行定期检测。这种检测与本地区课程紧密相关，更有针对性，并且可以在一个学年或一个评价周期内多次进行。它可以促进教师与管理者在教育教学领域更加有效地协同合作。

▶单元或章节检测：单元或章节检测可以根据需要定期使用，着重于所学的具体知识点。它的不足之处在于试题通常由教师自行设计，可能出现偏差、设计缺陷等。当然，即使存在着这些不足，单元或章节检测仍然是一个很好的评价信息来源。

▶随堂小测验：随堂小测验为教师提供了评价学生学习效果更常规、更便捷的方式。但是，它也存在着类似于单元或章节检测的不足。

▶学生作业：学生作业可以让教师实时跟进学生的知识掌握情况，可以让教师了解学生的日常学习状态。请记住一点，教师在评价学生作业时，不要对学生带有偏见。

许多地区，同一年级或学科的教师会采用相同的总结性评价。与你的校长、备课组长、指导老师或同事多多沟通，听取建议，看看你该采用哪种总结性评价对学生进行检测。

小结与反思

在本章中，我们谈论了不同类型的教学评价，介绍了新老师可以在教学中使用的预测性评价、形成性评价和总结性评价的方式。当你回顾本章内容时，请思考以下问题：

▶评价的目的是什么？

▶教师如何使用预测性评价来确定新单元的教学重点？

▶哪些策略有助于进行形成性评价？教师在进行教学评价时，需要注意什么？

下一章中，我们将探讨在课堂上吸引学生的教学策略，这对新老师非常实用。

第八章　如何增强学生的学习主动性和参与感

利亚姆(Liam)是一位小学新老师,他正准备为五年级学生讲授有关测量的知识。为了备好课,他翻阅了大量与之相关的教学资料,然而,他发现这些资料大多着眼于知识点的讲解,没有什么有趣的教学活动。利亚姆觉得知识点的讲解固然重要,但学生也需要获得相关的实践经验。

利亚姆与他的指导老师珍妮弗(Jennifer)交流,向珍妮弗请教他该如何引入这个测量单元的教学。珍妮弗说她有一些大卷尺,利亚姆可以让学生用卷尺在操场上测量各种物体。珍妮弗说过去有老师进行过这个活动,效果不错,对介绍测量单位很有帮助。

作为单元教学引入,利亚姆首先请学生们谈论自己测量物体的经历,结果只有少数学生有过亲身体验。于是,利亚姆问学生:"有多少人想要去操场上自己测量一下物体呢?"所有学生都踊跃地举起了手。

利亚姆用了一点时间向学生介绍卷尺的用法,讲解了如何在操场上使用。他将学生每三人分成一组,并为每个组员分配任务。每小组要测量三个物体,然后将测量结果做好记录带回教室。

　　学生返回时,每个小组都向利亚姆报告了测量结果,利亚姆帮助他们设计图表将这些结果展示出来。对于利亚姆在下课通行证上提出的问题,学生都能正确作答。显然,这堂课取得了成功!

　　在这个例子中,利亚姆没有照本宣科,没有仅仅按照书本进行讲解,而是让学生通过实践去领悟测量的相关概念。他虚心向指导老师请教,拓宽了思路,使自己的教学更具吸引力。利亚姆确信这样的活动将有助于学生达到该单元的学习目标。为了保证活动顺利进行,达到预期的效果,活动开始之前,利亚姆耐心对学生进行了指导和分工。让学生们到操场后可以专注于自己的学习任务,有条不紊地开展活动。因为利亚姆指导得当,这堂课最终获得成功。

　　优秀的新老师会采用各种各样有趣的教学方式,以确保课堂具有吸引力、有效率。在本章中,我们将为你介绍一些增加课堂吸引力的教学方式,通过这些方法你可以帮助学生增强学习主动性和参与感。

激发学生的学习主动性和参与感

　　有很多方式可以衡量学生在学习方面的投入程度,教育领域中

第八章　如何增强学生的学习主动性和参与感

经常使用的两个术语是学生的参与感和主动性。切特·迈耶斯和托马斯·B.琼斯将学习主动性定义为——学生能够听、说、读、写，在应用所学知识的活动中懂得反思。这些活动包括解答习题、非正式的小组活动、模拟考试、案例研究、角色扮演等。

研究人员倡导学生主动参与学习。约翰·哈蒂对什么是教学策略进行了一系列的分析。他认为虽然有时学习效果会受到教师的影响（比如，学生与教师之间的关系、教师讲课的清晰程度等），但是，学生的自主学习能力以及他们的学习参与感（比如，学生讨论、学生对于学习的认识理解等）与提高学生成绩有着高度的相关性。当学生主动投入到学习中，他们会表现出更高的参与感。当他们不再是被动学习者时，才能对学习表现出更大的兴趣。

尽管有时由教师直接讲授知识也是一种恰当的教学方式，但是，研究人员哈蒂建议采用多样化的教学方式，因为这会对学生的学习效果产生非常积极的影响。当然，教学方式必须与特定课程的教学目标相一致。

当你在选择教学方法时，请思考下列问题。

表 8.1　选择教学方式时需要思考的问题

1.学生在本课或本单元要达到的学习目标是什么？
2.什么样的教学方式能更好地完成教学目标？
3.什么样的教学方式符合我的教学风格或偏好？
4.什么样的教学方式适合我们班的学习氛围？
5.什么样的教学方式能满足我们班学生的喜好？

思考这些问题可以帮助你反思自己选择的教学方式是否得当。你还可以考虑其他因素，如：

▶教室的大小和布局。

▶需要使用到的特定材料是否准备就绪（如图纸和记号笔）。

▶年级的其他教师采取的教学方式——如果你特立独行，跟其他教师的教学方式大相径庭，那么学生可能需要一些时间来适应你的方式。同时，你可能会遭受一些负面的同伴压力。对于这些，你应该有心理准备，遇到困难时，才能泰然处之。

▶取得校长和管理者的支持——这一点很重要。如果你的校长对你采用的教学方式持消极态度，当你的教学效果欠佳时，就可能遇到麻烦。

认真考虑这些因素有利于你选择最恰当的教学方式，不仅让你能够更有效地帮助学生达成学习目标，同时也可以使学生更为积极地参与学习。

激发学生兴趣的策略

如果你想利用适当的教学策略来增强课堂吸引力，那么你需要将这些策略贯彻始终。本节将从课堂开始到结束手把手教会新老师如何运用这些策略。

第八章 如何增强学生的学习主动性和参与感

学生刚进入教室时的活动

当你欢迎学生进入教室之后，开展一个开放性的活动，提醒学生已经上课了。这样做有助于营造一个积极正面的学习氛围，让学生立即将注意力集中到课堂上，对教师安排的学习任务保持专注。列举一些活动主题供大家参考：

▶让学生回答一个与当天课程内容相关的或有启发性的问题。这个问题可以跟之前布置的阅读有关，也可以涉及当前某个热门话题。

▶教师要考虑到新课程所需的基础知识，然后引导学生复习回顾这些基础知识。例如，在分数的减法课程中需要学生运用到分子与分母的关系这方面的知识。教师可以列出几个同分母分数和异分母分数，并要求学生运用分数的基本性质将异分母分数转化为同分母分数。

▶要求学生对前些单元里学过的概念进行复习，以确保他们形成长时记忆。让学生给出这个概念的定义或例证。

学生进入教室之后，给他们3到4分钟的时间来回答你提出的问题。学生可以在大组里交流答案，也可以两人结对讨论，还可以使用手势信号或回应卡，或者趁你在教室走动时直接告诉你答案，等等。通过这些方式，你可以知道学生在活动中学到了些什么。

课堂上的活动

在课堂上采取灵活多样的教学方式可以激发学生的主动性,增强参与感,从而帮助学生更好地达到学习目标。本节针对不同的教学阶段,介绍了一些有效的教学方式。在你设计教学时,可以根据所授教材、你自己的教学风格和偏好、学生的学习偏好以及你对表8.1的思考,选择你认为最适当的教学方式。大多数教学方式可以在不同班级、不同年级中运用。在每个活动的标题中,我们都注明了该活动适用的年级水平。

故事表演(所有年级)

这个方式可以通过肢体语言来表达和加深对教学内容的理解。将学生分成3到4人的小组。为每个小组分配一个故事或一段内容,要求每个小组将其表演出来。学生用3到4分钟的时间进行筹备,然后表演给大家看。表演结束后,要求该组学生就刚刚表演的内容发表看法。

另一种类似的方式是讲完一段故事之后,停下来让所有学生进行表演。比如,老师正读到故事里主角受到惊吓时,停下来问学生:"当玛丽看到熊在小屋周围走动时,她的脸看起来会像什么样子?请大家表演给我看。"接着,学生们同时表演起玛丽脸上的表情。

第八章　如何增强学生的学习主动性和参与感

有声读物(小学中低年级)

如果学生是听觉型学习者,可以考虑制作书本的数码录音。相对于仅仅要求学生阅读书面材料来说,如果可以提供教科书、故事书、小说或其他书面材料的音频资料将帮助学生学到更多。学生可以独立使用或在学习中心使用这些音频资料。这些音频资料可以存储在电脑上,也可以在学校或教师网站上找到。

日志(小学中段到高中)

日志写作是让学生对学习保持专注的有效途径。不仅可以维持学生的学习积极性,还可以让你在更个人的层面认识你的学生。新老师可以采用多种方式来实施日志写作。举几个例子,你可以让学生手写日志,也可以让学生录下自己口述的想法,或者让学生写博客等电子日志。无论你采用什么方式,这个过程都可以帮助学生表达自我,提高他们的写作和语言表达能力。

大多数老师要求学生根据提示问题来写日志。表8.2举了一些例子。

表8.2　日志写作的内容提示

1.如果可以从头再来,你会做些什么不一样的事情?
2.你一天中最快乐的事情是什么?
3.你如何庆祝生活中的重要日子?
4.你上一次尝试新鲜事物是什么时候?你尝试的是什么?
5.如果有些事情你没弄明白,你会怎么办?
6.如果让你在十个字以内描述自己,你会怎么说?

续表

7.如果你的整个人生是一部电影,你会取个什么样的片名?
8.如果你可以给全校发布一则消息,你会说些什么?
9.如果你有机会教别人一件事,你会教什么?教谁?
10.是什么让你笑?
11.是什么促使你做得更好?
12.你真正喜欢做的事情是什么?你经常做吗?
13.你今天能做的哪些事情是你一年前做不到的?从现在起,你希望一年后能做到些什么?
14.你最想要什么样的生活?
15.如果你可以回到过去改变一件事,那会是什么呢?
16.如果你可以实现一个愿望,那会是什么呢?
17.当你想家的时候,首先出现在你脑海里的是什么?
18.你如何度过大部分的空闲时间?为什么?
19.你有什么期待?
20.你最害怕什么?
21.你想住在哪里?
22.你做过的事情中,哪一件最令你自豪?
23.你最大的优点是什么?你正在努力改善的是什么?
24.为了让别人的生活更美好,你昨天做了些什么?
25.为了让别人的生活更美好,今天你会做些什么?
26.是什么让你与众不同?
27.你想改掉什么坏习惯,为什么?
28.你会冒着名誉风险,在你的同龄人面前坚持正义吗?
29.是什么让你不够快乐?

你可以根据不同的年级和教学内容调整提示问题。如果你的教学对象是低龄学生、基础知识有限的学生或正在努力识字的学生，可以简化表 8.2 中的提示。比如，写作提示里的"是什么促使你做得更好？"就可以换成"你在学校如何表现得更好？"写作提示的问题要考虑到学生的实际水平，应该是学生能够理解并可以适当发挥的。有的年龄组可以自己在白板或电脑投影仪上读取提示问题，有的可能需要你为他们读出来。利用你对学生的认识，运用最佳的表述方式，设计出最适合他们的写作提示问题。

通常，教师要给出 5 到 10 分钟的时间让学生完成日志。这些时间应该足够让学生组织语言，表达自我。

学习小结（小学中段到高中）

学习小结是一种简单直接的方式，可帮助学生整合学习内容，处理加工所学知识，表达个人感受。该方式与前面提到的日志写作类似，但学习小结只涉及学生在特定课程或单元里学到的内容。学习小结非常有利于培养学生对学习本身的认识。它不仅可以帮助学生把所学内容罗列出来，还可以让学生从写作中获益，提高学习能力。增强对学习本身的认识在哈蒂的著作中被认为是最有成效的教学方式之一。

一般在课堂结束前 5 分钟让学生开始写学习小结。学生可以在这个短暂却固定的课末写作中总结自己的学习。这种方式还有一个额外好处：每节课末几分钟通常都没有太高的学习效率，但是如果这时让学生专注于写作，更有利于教师进行课堂管理。

为了激活学生的思维，可以在教室或学生的小结本后张贴一些问题来启发学生，例如：

▶今天我在课堂上学到了哪些内容？举三到四个例子。

▶今天课堂上讲过的内容，我还有哪些没弄懂？

▶关于今天的课，我最喜欢的是什么？

▶上课时，什么事情让我感到困难或不开心？

▶老师使用了什么教学方式来帮助我学习？

▶今天我对自己和他人的学习做出了什么样的贡献？

▶为了在课堂上更有效地学习，我以后应该怎么做？

还有一种方式是根据当天的课程内容，在黑板上写四到五个关键词。给学生几分钟时间，要求学生根据这几个关键词自由发挥，自由写作。

你可以时不时把这些小结本收上来阅读，批注书面评论。这有助于增进学生和教师之间的感情，为教师提供了一个非常方便的收集非正式评价信息的方式。

头脑风暴（所有年级）

头脑风暴在各个学校得到广泛应用，鼓励学生表达观点。头脑风暴鼓励学生从不同的角度来进行有创造力的思考，畅所欲言，抒发己见，从而产生尽可能多的观点，提出更多的问题解决办法。

你可以通过多种方式组织头脑风暴。

1.有组织的讨论模式：首先，教师向全班提出一个讨论话题。然后一次请一位学生发表看法。你可以在教室四处走动，直到每个学生都表达了自己的观点。这种方法的优点是所有学生都能参与其中，那些喜欢发言的学生不能在讨论中占取主导地位。缺点是讨论通常要求每一个学生都要发言，而不是由学生自主决定是否参与发言，这可能会使部分学生感到压力和不适。

2.自由讨论模式：让学生自由发言，想到什么就说什么。这种方法允许学生自由思考，创造出更宽松的讨论环境。缺点是可能有些学生根本不响应，而几个学生主导了整个局面。

3.小组讨论模式：这是一种有组织的讨论模式，只是全班被分成小组，每个小组在给定的时间里自由讨论，然后向大家呈现其想法。这种方法的优点在于学生可以更加放松，更愿意表达自己的观点，也能促进学生之间的合作和沟通。缺点是与之前两种方式相比，这种模式需要更多的时间。

间歇整理（小学中段到高中）

间歇整理是一种在教学过程中增强学生参与感的方式。教师在指定时间（10分钟）里向学生讲解知识内容。之后，教师将给学生一些时间（2分钟）来加工处理接收到的信息。在处理信息的时候，学生可以独立思考或与搭档或团队合作，分享他们学到的知识。这样学生就可以利用课堂上的时间，和同学讨论学习自己还不太懂的地方，确保真正懂得所学知识。在这个过程中，教师应在教室四处走动，倾听学生的讨论，记录下学生已掌握的内容以及他们在哪些方面还需要更多的帮助。

伙伴肩并肩(所有年级)

如果你想让学生与同伴讨论刚刚学到的内容，请让所有学生先坐成一个圈。然后，要求学生与挨着自己右肩坐的同学分享或讨论以下内容：

▶关于这个知识点到目前为止学了哪些内容。

▶关于这个知识点还有什么疑问或者还有哪些内容没弄懂。

给学生1到2分钟时间讨论，然后请学生分享一些具体的讨论内容。接下来再让学生和坐在自己右手边的人交谈。

茅塞顿开(所有年级)

要求学生写出自己的领悟、想法或者他们在学习中产生的一些新见解（那些可以用茅塞顿开来形容的时刻），然后将写下的内容与同伴分享。如果学生分成了三人以上的学习小组，请他们与小组成员分享。每个小组选一个人出来与全班同学分享。这种方式让学生有机会从同学身上学习，同时可以让学生积极参与到学习之中。

鱼缸(初中)

运用这个教学方式，你必须把教室桌椅围成两个圈。将八个书桌放在内圈，剩下的书桌放在外圈。（课桌数量因班级大小而异）你可以为学生指定座位。开始上课时，首先向学生解释两个圈的角色任务。

▶内圈：你会提出一个问题供坐在内圈的学生讨论。学生必须相互尊重，仔细听取彼此的回答，分享自己的看法。由你掌控学生交流或辩论的时间。

▶外圈：外圈的学生需要仔细听取内圈学生的讨论并作好笔记。如果外圈的学生想发表评论或加入讨论，他可以走到内圈，轻拍一名学生的肩膀。内圈里被拍了肩膀的学生就要移动到外圈，坐到空位上。就这样，新的同学加入了内圈参与讨论。

这是一个非常不错的活动，适合在语言艺术学科、阅读课，特别是阅读完小说的部分章节或结局后进行。教师要准备好供学生思考和讨论的话题。

拼图阅读（初中）

将阅读任务划分为简短的小节，并将学生分成四人小组。要求小组中的每个成员选取不同的小节阅读，以使每个小节都有人选定。读完后，学生轮流向自己的小组成员解释自己所读的部分。或者，让读同一小节的学生作为一个小组来对该部分进行讨论，然后让小组将所读的内容呈现给全班同学。

画廊漫步（所有年级）

将学生分组，要求他们制作一张与所学概念相关的海报或图解。海报制作完成后，播放音乐，让学生从一张海报走到另一张海报，一边浏览大家的作品，一边记笔记或对这些作品进行小组讨论，直到所有学生看过所有海报。学生完成画廊漫步后，停止音乐，让学生站在最后一张海报前，全班一起讨论活动的收获。

当你向学生介绍这个活动时，要让他们知道要像在画廊里漫步一样四处走动，而不是坐在位置上一动不动。提醒他们在音乐播放的整个过程中保持前进和专注。当学生四处走动展开讨论时，教师要观察并听取他们的看法。这些看法有助于教师判断学生在活动中学到了些什么，以此决定哪些内容需要在后续课程中重新讲解，哪些内容需要在后续活动中再次强调。

涂鸦写作（所有年级）

将全班学生分成六人或更少的小组。然后在六张图纸上写出与学生所学内容相关的六个不同题目，可以把图纸张贴在墙上或放在桌子上。为学生提供记号笔、彩色铅笔、蜡笔或钢笔。让每组学生同时在自己的图纸上就题目进行写作或绘制插图，直到你发出停止信号。让小组讨论他们撰写或绘制的内容。如果你愿意，还可以让学生再进行一些之前介绍过的其他活动，例如画廊漫步或轮盘调查，以获取有关他们学习状态的反馈信息。

单词墙（所有年级）

单词墙，顾名思义，它是写着学生所学单词的墙壁。但事实上，它不必是教室里的固定教学设施。大多数教师要么把这些单词写在大张的便利贴上，要么写在墙上张贴的绘图纸上。有的教师用大张的公告板纸覆盖整个墙壁，然后在纸上写下这些单词。有的教师也会让学生或小组来负责书写。

单词墙成功的关键是通过活动加强学生对单词的理解，从而产生交互作用，创造出更多能让学生运用这些单词的语境。例如，你可以要求学生结对在单词墙周围走动，讨论他们所熟悉的单词和不熟悉的单词。另一种方式是拍摄单词墙的照片，并将其上传到你的个人网站上。然后请学生查看，并与其父母或家庭成员分享。在写单词墙时，字要足够大，以便学生阅读。如果你要让学生阅读单词或让学生在墙上写单词，请务必将纸张贴在适当的高度。

快速配对（小学中段到高中）

在教室里腾出一个空间，让学生可以围成一个大圈。让学生以A和B报数，A组学生脸朝外面围成一个圈，两个同学之间留出间隔距离。B组学生围着A组学生绕成一个外圈，脸朝内圈方向。向学生提出一个与所学内容相关的问题，要求A组学生与面对面的B组学生分享答案。一分钟后，请B组学生给A组学生的答案补充细节。当你认为每个人都完成了分享时，就可以发出信号让学生停止讨论并集中注意力。然后让外圈的同学向左边移动一位同学，内圈的同学不动，这样大家就有了新的搭档。教师又向学生提出一个新的问题用于讨论。可以按照同样的方式多重复几次。

抢椅子（所有年级）

这个活动就跟抢椅子游戏一样。对于小学生，先让学生将椅子绕成一个圈，然后你移走其中一把椅子。让学生准备一首自己写的诗或任何一篇简短的写作练习。然后老师开始播放音乐，学生开始绕着椅子走。当音乐停止时，学生要立即坐下来。站着的那位同学就要与全班分享自己写的诗或短文。根据实际需要，重复做几次。

对于中学生，让他们拿着自己的写作作业，如诗歌、写作练习甚至作文提纲在教室里随意走动。你会播放一段音乐，当音乐停止时，学生要与离自己最近的同学分享自己的作品，而且还要对彼此的作品或提纲给出反馈意见。这个活动可以让学生体验如何评价一篇文章，并帮助学生提高他们的写作能力。

移动表决(所有年级)

这个方式可以用于分享信息、解决数学问题或者对课堂上的任何问题进行作答。如果学生同意你给出的答案或观点，他们就站到教室的右侧。如果不同意，则站到左侧。学生在教室内移动时，你可以播放音乐，当音乐停止时，学生要站到自己选择的相应位置上。所有学生都站定之后，找一位学生来解释一下他为什么同意或不同意教师给出的答案或观点。这个活动可以增强学生对自己的答案负责任的意识。

致电同学或二选一(小学中段到高中)

你们中许多人可能都看过电视节目《谁想成为百万富翁》。在节目中，如果参赛者不知道问题的答案，他可以打电话给朋友求助。你可以把这种方式用到学生身上。如果学生在课堂讨论中不知道问题的答案，他可以选择"打电话给同学"来获得答案。学生必须先向教师提出打电话给同学的请求，用大拇指和小手指做成一个电话的样子，然后打电话给同学求助。学生在听取同学的答案后，考虑其正确性，然后再向教师做出回复。

另一个从《谁想成为百万富翁》得来的灵感是不知道答案的学生可以要求老师允许自己二选一。也就是说老师给出两个答案供学生选择，一个正确，一个错误。学生选择一个答案，并解释为什么认为它是正确的。如果答案是一个单词，则需要用这个单词造个完整的句子。

新书导读和书本寻宝游戏（小学中段到高中）

在介绍一本新书或课本时，教师要引领学生把这本书从头到尾浏览一遍。有的老师把这种方式称为"新书导读"，让学生熟悉书本的格式，指明各个组成部分，如目录、词汇表、地图、索引、标题、粗体字等。在熟悉书本的过程中，偶尔暂停一下，让学生以小组的形式进行交流。学生熟悉书本的另一个好方式是进行书本寻宝游戏，为学生列出该书重要组成部分的清单，让他们与搭档一起，找到清单中的所有项目。

之字形队列（小学中段到高中）

这是一个让学生移动着交流所学知识的方式。学生可以就随堂作业或家庭作业（例如数学题、单词、历史概念等）进行交流。进行这个活动时，首先要将班级划分成两个人数相等的组。让两个组各自排成单行，以便每个小组成员都能与另一小组的成员面对面。指定一行作为 A 组，另一行为 B 组。让 A 组的学生先跟对面站着的B组学生谈论自己的看法。然后B组的同学再与A组里结对的同学分享自己的观点。

双方都交换完意见后，让A组的同学向左移动一位。这样一来，A组中移动出去的这个同学就没了搭档，于是他脱离A组，排到对面B组队伍里最后那位失去搭档的同学之后。每次A组同学向左移动，第一个人脱离队伍并加入B组时，你可以播放音乐来使活动变得更加有趣。

主题探讨（小学中段到高中）

当你让学生写一篇特定主题的研究性作文时，有时学生会感到难以下笔。将学生分成6人或6人以下的小组。每个学生都要把自己的主题写在一张纸的顶部，供小组成员共同探讨。教师要让学生明白小组成员将帮助他并根据主题给出建议。当你发出开始信号时，学生要把手里的纸按顺时针方向传递给旁边的同学。拿到纸的学生需要尽可能多地列出对该主题的想法，他有一分钟时间进行思考并写下来。一分钟之后，该学生再次将手里的纸按顺时针方向传递给坐在旁边的另一名同学。如此重复操作，直到每个同学都拿回了自己的那张纸。接着，学生就可以查看其他同学为自己提出的建议，并圈出那些想要获得更多信息或说明的建议条目。然后轮流在小组里进行咨询探讨。如此一来，学生便对自己的作文有了更多灵感和想法。

网络资源

有很多网络资源可供教师使用，你可以从中挑选适合自己班级的活动和工具，以此调动学生学习的主动性和参与感。以下列举了一些我们最喜欢的资源，适用于各年级水平。

Sheppard Software

Sheppard Software(www.sheppardsoftware.com)收集有成百上千供学生使用的免费教学游戏。该网站涉及许多学科，比如地理、数学、动物、科学等。它还按不同水平层次划分，供各种能力水平的学习者使用。

PurposeGames

PurposeGames（www.purposegames.com）是一个教师可以根据教学内容和学生需求自行设计地图、测试和知识游戏的网站。个性化资源可以非常好地调动学生的积极性。

Quizlet

Quizlet（www.quizlet.com）是一个互动网站，是一个很有价值的网络资源。它为学生和教师提供了便捷的工具，可以创建专属的词汇表和学习集。师生可以创建和分享在线学习资料，可制作单词抽认卡、游戏和测试等。通过六种不同的活动，学生可以独立自学，进行自我测试，通过激发学生学习热情来提高他们的学习成绩。

Pear Deck

Pear Deck（www.peardeck.com）让教师可以在课堂中随时插入不同类型的问题，包括多选题、作图题等。 学生则可以根据需要在屏幕上拖拽、画图、添加文本，并且以匿名形式提交答案。 收集好答案后，教师可以选择是否展示所有答案。 这样的答题环境保证了学生在单独答题时不会受到外界干扰，同时也可以在答题后与其他同学进行交流讨论、互相学习。 它是一款内置形成性评价工具并由谷歌提供在线云储存服务的应用程序，使用方便，有利于教师及时对学生做出评价。

Socrative

Socrative（www.socrative.com）是一款集合了课堂反馈、测试、成绩报告等功能为一体的功能强大的教学应答系统。 学生和教师通过平板电脑、笔记本电脑和智能手机进行课堂互动。 Socrative 为教师节省了时间，学生能够进一步协作、讨论、扩展和成长为学习团队。 它能帮助教师吸引学生积极参与课堂互动、从而提高课堂教学管理水平。 它可以为学生和教师同时提供反馈，学生通过反馈了解自己的不足，促进自主学习；教师通过反馈可以动态调整教学内容以适应学生的真实需求，创造出良好的师生互动环境。

译者注：该系统分为教师端和学生端两种登陆方式。教师端主要有单题应答、测试、测试管理三个功能模块：（1）单题应答模块。支持多选题、判断正误和简笔题三种题型，适宜在课堂上快速提出一个问题与学生互动时使用。(2)测试功能模块。适合多道题目的同步或不同步应答。(3)测试管理模块。可以实现对试题的编辑、管理、测试报告的下载等功能。学生只需登录该程序,输入教师账号对应的教室号,便可进行互动答题,并把实时结果显示在教师屏幕上。教师便可以通过实时提问和系统提供的即时反馈了解学生是否理解刚才所讲的内容。

DocentEDU

DocentEDU（www.docentedu.com）将任何网站或教师创建的Google 文档、幻灯片等转变为与学生学习同步的在线学习任务。它可以插入问题、投票模块、相关资源链接、全班讨论主题等。

Kahoot!

Kahoot!（https://getkahoot.com)是一个有助于师生互动的网络平台。你可以为学生创建测试游戏、讨论话题或问卷调查等。该平台的兼容性很强大,学生可以通过各种电子设备和网络浏览器,如 iPad、iPhone 或者笔记本电脑等登录平台回答你的问题。它适用于所有年龄阶段及不同学习资质的学生,帮助他们在任一学科或语言中发掘学习的乐趣,从而改善传统的刻板教育形式。在学生完成答题之后,教师端会即时反馈作答情况,获得学生的正确率、易错项、排名等综合数据。学生也能在各自的设备上即时知晓答题正确与否。这种游戏学习模式能够调动学生的积极性与参与感,营造一种全新的学习体验。

分组策略

在教育教学过程中经常将学生分为小组，所以本节我们将讨论如何快速将学生进行随机分组。

根据生日分组

这是一个分组的好方式，可以将较大的组随机细分为较小的组。这样分组还可以让学生打起精神，因为学生们会站起来，在房间里走动。操作如下：

1.让学生根据自己的出生月份和日子排成一行。

2.告诉学生1月份生日的人排在队伍最前端，站到教室前面。12月份生日的人站到教室后面。

3.告诉学生不能进行任何口头交流让别人知道自己的出生日期。

4.在学生排好队后，让他们依次说出自己的出生月份和日子。如果有学生站错顺序，让他站到正确的位置。

5.根据你想要的组的大小，将学生分为较小的组。如果有二十五名学生，你想要他们五人一组，那么就每五个学生划分为一组。

按生日分组是一个有趣的活动，可以帮助你以更随机的方式将学生细分为小组。

时钟伙伴

时钟伙伴是让学生结对或寻找合作伙伴的有趣方式。具体操作如下：

1.为学生提供图 8.1 中的时钟图片。

2.让学生在教室里走动，寻找合作伙伴，并将合作伙伴的名字填入每个整点对应的横线。在活动结束时，学生将会找到十二个不同的时钟伙伴。

3.让学生将他们的时钟伙伴名单保存在课桌里或夹在笔记本中。在以后的课程中，他们将根据这张名单来组队。你会说出一个时间点，然后学生要在名单表上找出这个时间点所对应的合作伙伴。

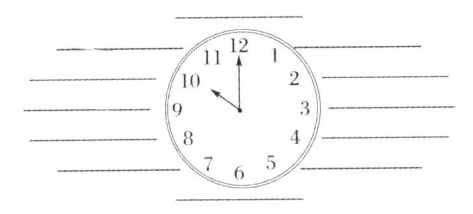

图 8.1　时钟伙伴模板

方位分组：东西南北

这个方式类似于时钟伙伴。为学生提供一张写有东、西、南、北的纸，要求他们找到四名同学成为对应方向的合作伙伴。图 8.2 是方位分组模板。

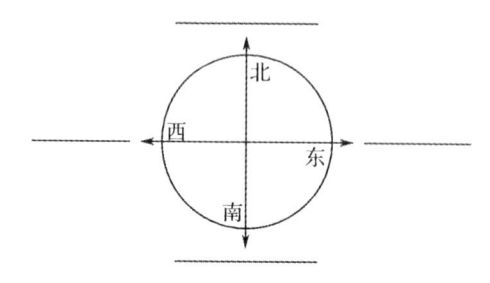

图 8.2　方位分组模板

扑克牌分组

将学生划分为随机小组的另一种方式是利用扑克牌。首先你要确定组的大小，然后对扑克牌进行分类，使其与组的大小相匹配。例如，如果你有二十名学生，你想要分成四组；那么，你需要从纸牌的四个花色中各抽出五张。如果你想把他们分成五组，除了在四个花色里各选四张牌出来，还要再选出四张 2 点或 J 作为任意牌。

确定了需要的分组之后，洗牌并将牌分发给学生。告诉学生，拿到相同类型纸牌（花色或数字）的人集合在一起，作为一个组。如果你想要分成四人以上的小组，先让学生找出相同点数的四张牌，拿到相同点数的同学成为一组。然后，让那些拿着任意牌的同学平均地加入已分好的各个小组。这样每个小组都能达到需要的人数。比如，你想要分成五人组，你可以说："同学们，请你找到跟你拿着相同点数扑克牌的人，除了拿着 2 点和 J 的同学。这些同学等到其他同学分成四人组后，每个人自由选择加入其中一组。"

扑克牌是随机分组的有效方式。你还可以暗中做手脚，使分组更具目的性，让某个学生拿到特定的某张牌。这样做让分组表面上看起来是随机的，但实际上你可以确保某些同学被分配到你想指定的组内。

便利贴分组

在讲义、姓名标签和其他学习资料背面贴上便利贴可将学生分成更小、更随机的小组。类似于扑克牌分组方式，你先要确定组数以及每个小组多少人。你要计算出所需便利贴的数量，然后将其随机贴在讲义或其他学习资料上。当学生得到自己的讲义或学习资料后，让他们看下背面的便利贴，找到跟自己拿到相同便利贴的同学并成为一组。

学生离开座位去寻找组员时，教室里可能会有点吵闹。如果你培训过学生如何在教室里走动（本书前面讨论过这方面的管理方法），他们应该能够快速完成。

糖果分组

糖果分组类似于上面讲到的方式，只不过是用糖果来进行分组。跟这一节里说到的其他活动一样，在开始前老师首先要确定将学生分成几组，每组多少人。确定好组数和各组人数后，按照实际需要选出相应的糖果种类和数量并放到小桶里。最适用的糖果是开心糖果，因为它更小而且更便宜。如果想把学生分成六组，每组四人，那么你需要在桶里放进六种不同的糖果，每种四颗。然后你拿着小桶在教室里走动，让每个学生自己选一颗。每个学生都挑选好糖果后，让拿了相同糖果的学生组成一组。分好组后，学生可以把糖果吃掉（或者等到活动结束后再吃，按教师的意思）。

纸张颜色分组

将学生随机分组的另一种方式是制作不同颜色的讲义或学习资料复印件。跟我们在这节里讨论过的其他方式一样，你必须首先确定组数和每组的学生人数。选择与组数相对应的纸张颜色种类，每种颜色的份数应该与每组中的学生人数相对应。复印件制作好后，打乱颜色，随机分发给学生。让学生根据自己所拿资料的颜色，颜色相同的组成一组。分好组后，再为学生说明团队任务的相关细节。

鞋码分组

让学生按照相同的鞋码自行分组。在同一年级中,学生的鞋码大小可能没有多大区别。如果你认为这样的方式不好操作,可以考虑按照鞋码的范围进行分组。或者,如果你想增加团队的多样性,可以让学生自由组合,让每个组里包含各种鞋码。如果你认为有些学生可能会因为鞋码与众不同而遭到同学的嘲笑,那就要好好考虑是否采用此方式。

身高分组

将学生分组的另一种有趣方式是根据身高来分。让学生根据他们的身高(从高到低或从低到高)并肩排列。然后让学生报数(比如1,2,3,1,2,3,…),这样就可以根据所报数字进行分组(1,2或者3)。或者将身高相似的学生组合在一起(比如,把最高的前三名学生放在一组,次之的三名学生放在另一组,等等)。

跟鞋码分组一样,如果你认为有些学生对身高很敏感且可能因此遭到嘲笑,请根据班级实际情况决定是否采用此方式。

小结与反思

在这一章中，我们讲了一些高效的教学方式。在与学生打交道时探索学习中的新老师们会发现这些方式有益且实用。当你回顾本章内容时，请花几分钟时间反思以下问题：

▶为什么在单元或课程教学中，调动学生的参与感如此重要？

▶如何将学生细分成小组以增强课堂学习的积极性和参与感？

▶在我们介绍的分组方式和增强学生参与感的活动中，有哪些适合你的班级和你的教学风格？

▶如何通过类似头脑风暴的活动来激发学生的创造性？

▶你觉得本章中哪些教学方式会对你的教学有帮助？

我们已经研究探讨了一系列教学方式，现在你还需要思考一下你与同事之间的关系以及他们在你的教学工作中扮演的角色。愿本书内容能帮助你顺利度过初为人师的第一年，促进你在专业方面的成长，成为一名表现出色的新老师。

结语　成为一名表现出色的新老师

作为新老师，自然面临着许多机遇和挑战。一些新老师觉得机遇远远大于挑战，认为教书是一份很有意义的职业；而另一些新老师则感觉不堪重负，日复一日，漫无止境的忙碌压垮了他们，甚至最终选择离职。为什么有的人会觉得教书充满成就感，而有的人觉得疲惫不堪呢？

这本书根据新老师在职业成长道路上必然经历的六个阶段，为新老师们介绍了一些适合在执教初年采用的教学方式，目的是为新老师们排忧解难。书里的内容可以帮助新老师迎接挑战、克服困难，获得成就感而不是挫败感。指导新老师如何取得成功的书籍很多，可谓百花齐放、百家争鸣。然而，本书编入的内容是根据我们多年的研究经验，以及大量新老教师的教学经验总结得出，通过实践证明是大有裨益的。

▶个人：正确地自我认知，了解自身的优点和局限。不忘初心，牢记你作为教师的使命。纵然遭遇风暴激流，本书都可以为你掌舵，为你保驾护航。它会有助于你保持正确的方向，最终成为一名表现出色的新老师。

▶**学生以及他们的家人**：为学生和他们的家长留下良好的第一印象，建立良好的信誉至关重要。人们会很快对别人做出判断。给你的学生和家长留下良好的第一印象是向着正确的方向迈出的第一步。

▶**班级管理**：没有管理规范的学习环境，学生难学，教师难教。班级管理是否合理有序对于你能否成为成功的新老师至关重要。

▶**课程安排**：作为新老师，第一次规划课程会是一个充满挑战的经历。你既要考虑如何帮助学生达到学习目标，又要考虑如何使学习具有吸引力和趣味性。在这个过程中，你要不断发掘学生潜力，这会让学生在学业上的成功具有无限可能性。

▶**评估考核**：在教育教学过程中，你不仅要明白自己需要教些什么，更要明白学生学到了些什么。形成性评价和总结性评价可以让你了解学生对所学内容的掌握情况，以便你调整教学进度和内容，为学生提供必要的帮助。

▶**同事关系**：整本书我们都在强调团队合作以及跟同事沟通协作的重要性。没有哪个教师单打独斗就能取得胜利。同事间良好的职业伙伴关系，其他同事取得的成功，对你来说都是非常重要的。

结语 成为一名表现出色的新老师

当你采用本书介绍的教学方式时,请注意以下几点:

▶你可能需要时间来适应本书介绍的教学方式。每个人的学习进度不同。给自己多一点时间,多一点耐心。

▶对有的教师而言,采用不同的教学方式比盲目地模仿跟风收效更好。本书提出的教学方式不是万能良药,并非每一个都适合你。那些你的同事认为效果好的方法,不一定你用着也好。你要因材施教,采用最适合你和你的学生的方法。

▶你还要根据实际情况调整教学方式。修改调整本书介绍的教学方式以满足你所在班级的实际需要,个性化的教学对你而言更有意义。

我们衷心希望你能发现本书内容的价值所在。祝愿你的职业成长道路畅通无阻,早日成为出色的新老师。

参考文献

Assessment for Learning. (n.d.a). *Professional learning: Student self-assessment*. Accessed at www.assessmentforlearning.edu.au/default.asp?id=site_search&query=One+good+question+I+asked+%28or+thought+of%29+today+was+ on July 27, 2015.

Assessment for Learning. (n.d.b). *Strategies to enhance student self-assessment*. Accessed at www.assessmentforlearning.edu.au/professional_learning/modules/student_self-assessment/student_strategies_enhance.html on July 27, 2015.

Breaux, A. (2002). *101 "Answers" for new teachers and their mentors: Effective teaching tips for daily classroom use*. Larchmont, NY: Eye on Education.

Browner, D., & Spooner, F. (2011). *Teaching students with

moderate and severe disabilities. New York: The Guilford Press.

Common Core State Standards Initiative. (n.d.). *Standards in your state*. Accessed at www.corestandards.org/standards-in-your-state on September 15, 2015.

Covey, S. R. (1989). *The seven habits of highly effective people: Powerful lessons in personal change*. New York: Simon & Schuster.

Davis, C., & Yang, A. (2005). *Parents and teachers working together*. Turner Falls, MA: Northeast Foundation for Children.

Duek, M. (2014). *Grading smarter, not harder: Assessment strategies that motivate kids and help them learn*. Alexandria, VA: ASCD.

Elden, R. (2013). *See me after class: Advice for teachers by teachers*. Naperville, IL: Sourcebooks.

Eller, J. F. (2004). *Effective group facilitation in education: How to energize meetings and manage difficult groups*. Thousand Oaks, CA: Corwin Press.

Eller, S., & Eller, J. (2006). *Energizing staff meetings*. Thousand Oaks, CA: Corwin Press.

Eller, J. F., & Eller, S. A. (2009). *Creative strategies to transform school culture*. Thousand Oaks, CA: Corwin Press.

Eller, J. F., & Eller, S. A. (2011). *Working with difficult and resistant staff*.Bloomington, IN: Solution Tree Press.

Eller, J. F., & Eller, S. A. (2015). *Score to soar: Moving teachers from evaluation to professional growth*. Bloomington, IN: Solution Tree Press.

Gregory, K., & Cameron, C., & Davies, A. (2011). *Conferencing and reporting* (2nd ed.). Bloomington, IN: Solution Tree Press.

Gregory, G., & Chapman, C. (2013). *Differentiated instructional strategies: One size doesn't fit all*. Thousand Oaks, CA: Corwin Press.

Hattie, J. (2012). *Visible learning for teachers: Maximizing impact on learning*. New York: Routledge.

Jensen, E. (2005). *Teaching with the brain in mind*. Alexandria, VA: ASCD.

Jensen, E. (2016). *Poor students, rich teaching: Mindsets for change*. Bloomington,IN: Solution Tree Press.

Johnson, K., & Cappelloni, N. (2013). *The new teacher's handbook: Flourishing in your first year*. New York: Skyhorse.

Kriegel, O. (2013). *Everything a new elementary school teacher really needs to know(but didn't learn in college)*. Minneapolis: Free Spirit.

Lemov, D. (2010). *Teach like a champion: 49 Techniques that put students on the path to college* (K-12). San Francisco: Jossey-Bass.

Lipton, L., & Wellman, B. (1999). *Pathways to understanding: Patterns and practices in the learning-focused classroom* (3rd ed.). Guilford, VT: Pathways.

Mandel, S. (2009). *The new teacher toolbox: Proven tips and strategies for a first great year.* Thousand Oaks: Corwin Press.

Marzano, R., & Marzano, J. (2003). *Classroom management that works: Researchbased strategies for every teacher.* Alexandria, VA: ASCD.

Marzano, R., & Pickering, D. (2013). *The highly engaged classroom. Bloomington*, IN: Marzano Research.

Mendler, B., & Curwin, R. (2007). *Strategies for successful classroom management: Helping students succeed without losing your dignity or sanity.* Thousand Oaks, CA: Teacher Learning Center/Corwin Press.

Meyers, C., & Jones, T. B. (1993). *Promoting active learning: Strategies for the college classroom.* San Francisco: Jossey-Bass.

Moir, E. (2011, August 17). *Phases of first-year teaching*. Santa Cruz, CA: New Teacher Center. Accessed at www.newteachercenter.org/blog/phases-first-year-teaching on July 27, 2015.

National Education Association. (2015). *National Education Association handbook*: 2014—2015. Accessed at www.nea.org/assets/docs/2015_NEA_Handbook.pdf on July 27, 2015.

National Governors Association Center for Best Practices & Council of Chief State School Officers. (2010). *Common Core State Standards for English language arts and literacy in history/social studies, science, and technical subjects*. Washington, DC: Authors. Accessed at www.corestandards.org/assets/CCSSI_ELA%20Standards.pdf on July 27, 2015.

Parks, J. (2004). *Teacher under construction: Things I wish I'd known! A survival handbook for new middle school teachers*. Lincoln, NE: Weekly Reader Press.

Payne, R. (2013). *A framework for understanding poverty: A cognitive approach*. Highlands, TX: aha! Process.

Schein, E. (1993, Summer). On dialogue, culture, and organizational learning. *Organizational Dynamics*, 22.

Somerville Public Schools. (2015). *The Somerville Public School district is proud to announce that all of our teachers are highly qualified!* Accessed at www.somervillenjk12.org/Page/1644 on July 27, 2015.

Stiggins, R. J., Arter, J. A., Chappuis, J., & Chappuis, S. (2004). *Classroom assessment FOR student learning: Doing it right—Using it well*. Portland, OR: ETS Assessment Training Institu"te.

Stiggins, R. J., & Chappuis, J. (2006). What a difference a word makes: Assessment FOR learning rather than assessment OF learning helps students succeed. *Journal of Staff Development*, 27(1), 10–14.

Stronge, J., & Xu, X. (2015). *Instructional strategies for effective teaching*. Bloomington, IN: Solution Tree Press.

Thompson, J. (2013). *The first-year teacher's survival guide: Ready-to-use strategies, tools and activities for meeting the challenges of each school day*. San Francisco: John Wiley and Sons.

Tomlinson, C. (2011). *Leading and managing a differentiated classroom*. Alexandria, VA: ASCD.

Whitaker, T., & Flore, T. (2013). *Dealing with difficult parents and parents in difficult situations*. New York: Routledge.

Wiliam, D. (2011). *Embedded formative assessment*. Bloomington, IN: Solution Tree Press.